KB132709

사막의 역사

사막의 역사

남정욱

기파랑

서문

　좋은 역사책을 쓰고 싶었다. 역사에 별 관심 없고 아무런 사전 지식도 없는 사람이 한나절이면 읽을 수 있는, 그리고 재미있게 읽은 후 그 내용을 다 이해할 수 있는. 중고등학교 때 워낙 예방주사를 잘 놔 준 덕에 역사에는 하나도 관심 없었다. 역사라면 연도 외우고 순서 암기하는 지겨운 종목인 줄 알았다. 역사공부는 평생 가는 오락이고 나날이 누적되는 즐거움이구나. 그래서 이 책을 쓰기 시작했다. 나는 아끼기보다, 숨겨놓고 혼자 핥아먹기보다, 나누는 것을 좋아하는 사람이다.

　쓰기 위해서는 먼저 읽어야 했다. 실망스러운 책들이 너무 많았다. 무엇보다 자기도 잘 모르면서 쓴 책을 보면 화가 났다. 인간이 인간한테 이래도 돼? 재미도 없고 성의도 없었다. 번역서는 더 끔찍했다. 신성로마제국을 다룬 책이었는데 프파르츠라는 지명이 나왔다. 내가 아는 한 역사적으로 중요한 독일 땅 중에 그런 지명은 없었다. 나중에 알고 보니 팔츠 Pfalz를 있는 그대로, 순서대로 다 발음 한 거였다. 모르겠다. 원저자가 그렇게 썼는지 아니면 번역자가 망쳐 놓았는지 모르지만 슬프기까지 했다. 인간이 인간한테 이러면 안 돼.

그래서 도전했고 10년 공부하고 10년 쓴 책이 이 책이다. 처음에는 뭘 써야 할지 몰랐다. 10권으로 목표를 잡았는데 그거 다 채우려면 어떻게 해야 하나 앞이 안 보였다. 쓰면서, 공부하면서 반대가 됐다. 뭘 덜어내야 할지가 오히려 고민이었다. 쓸 게 너무 많아서 어떻게 하면 핵심과 진짜 중요한 의미만 다룰 수 있을지 자면서도 고민했다. 그리고 일정한 기준을 놓고 잘라내기 시작했다. 알면 좋지만 몰라도 되는 것이 그 기준이었다. 기준이 생기니까 어느 정도 서사의 틀이 잡히고 각각의 책들 사이의 통일감이 생기기 시작했다. 통일은 좋은 것이다.

역사가 왜 중요한지 뭐 이런 건 시험 답안지 쓸 때나 하는 소리다. 그런 건 다 필요 없다. 재미있다. 역사는 재미있어서 재미있다. 역사가 재미있어지니까 비로소 세상이 보이기 시작했다. 머릿속에 환하게 불이 들어오는 느낌. 이 느낌과 내용을 어떻게 전달해야 할지 고민하고 기도했다. 그게 이 10권 시리즈의 형식이다. 누가 그랬다. 중세는 너무 복잡해서 신이라도 제대로 서술하기 어렵다고. 일부 사실이다. 로마까지는 쉽다. 로마가 문을 닫으면서 게르만족이 분화한 끝에 원시 프랑스, 독일, 이탈리아로 쪼개지고 이들이 각개 약진 하는 가운데 뒤늦게 문명의 빛이 들어간 영국 등 후발 문명이 가세하고 여기에 또 세상을 세속과 영성으로 분할한 교황까지 참가하면서 사방으로 이야기들이 펼쳐진다. 문제는 이것들이 따로 노는 게 아니라 보이게 안 보이게 연결되어 서로 영향을 미치면서 전개된다는 사실이다. 역사가 지루해지기 시작하는 지점으로 대부분 이때 역사책을 던진다. 그러나 말한대로 일부만 사실이다. 제대로 서술하기 어렵다면 그건 작가의 문제다. 잘 모르니까 내용을 꿰뚫고 있지 못하니까 우는 소리를 하는 거다. 고민을 정말 많이 했다. 그래서 중세부터 근대까지를 공간으로, 지역으로 쪼갰다. 4권부터 7권까지인 사막의 역사, 초원의 역사, 바다의 역사 그리고 대륙의 역사는 그렇게 나온 제목이다. 다행히 대항해 시대부터는 세계가 하나로 연결된다. 비로소 각 지역의 역사가 하나로 통합되는 것이다. 8권부터는 그래서 쉬웠다. 현대를 다룬 9권과 10권은 현재에서 멀지 않다. 쓰면서도 재미있고 신이 났다. 지금 세상에서 벌어지고 있는 이야기들의 기원이니까. 역사를 중계 방송하는 느낌이었다. 그냥, 쓴 사람의 자랑이다.

다른 역사책들과 또 차별화된 점이 있다면 대량으로 들어간 지도다(물론 상대적이다. 더 넣고 싶었는데 아쉽다). 지도 한 장만 보면 이해할 수 있는 내용을 어렵게 읽으니까 흥미가 떨어진다. 이건 교향곡을 글로 즐기는 것보다 더 어렵다. 필요한 부분마다 지도를 넣어 이해를 높였는데 추가로, 글을 복습하는 효과가 생겼다. 공부하고 보니까 지도가 역사였다. 인간의 역사는 지리를 뛰어넘지 못하며 현재의 역사는 지리의 산물이거나 결과다. 내세우자면 이게 공간으로 역사를 쪼갠 것 다음으로 이 책들의 장점이다.

마지막으로 해당 역사에서 주연으로 등장하는 나라가 있을 때마다 그 나라의 소사小史를 정리했다. 영국, 프랑스, 독일, 이탈리아, 에스파냐, 포르투갈, 러시아, 중국, 미국, 일본의 간추린 역사인데 책마다 대략 한 나라씩 나온다. 전체 맥락과 함께 디테일을 즐길 수 있도록 노력했고 평가는 독자의 몫이다. 좋은 책이 있는 것이 아니라 좋은 독자가 있다고 한다. 그러나 그것도 배려와 양심이 있는 책이 있은 후다. 나는 양심은 있는 인간이다.

책마다 내용을 소개하는 건 지면의 낭비이자 일종의 스포일러라 생략한다. 현생 인류가 어떻게 여기까지 왔는지 지나간 시간 속으로 지적 여행을 떠나고 싶은 분들에게 조금이라도 도움이 된다면 더 바랄 것이 없겠다. 이 여정에 많은 분들이 함께 하셨으면 좋겠다. 역사는, 정말 재미있다.

차례

1.
아랍? 중동? 이슬람? 먼저 이것부터 구분하자

그리스도교는 일요일에 예배를 본다. 유대교는 토요일을 안식일로 삼는다. 이슬람이 예배 보는 날은 금요일이다. 그럼 월요일부터 목요일까지는 뭘 할까.

서로 싸운다. 웃을 일이 아니다. 다들 사랑과 용서와 자비를 말하지만 그게 지켜지는 일은 별로 없다. 분쟁의 핵심에는 대부분 종교가 있고 가끔은 분노의 효율적인 증폭을 위해 종교를 내세우기도 한다. 자기들이 죽여 놓고 신의 승리라고 말한다. 신은 억울하거나 황당하다. 정치나 문화와 결합된 종교는 폐쇄적이고 파괴적이다. 상대에게 마음을 여는 것이 아니라 힘으로 강제로 상대의 마음을 열 생각만 한다. 이교도의 가슴을 실제로 열어 보기도 한다. 인간은 종교라는 이름으로 서로에게 너무나 많은 못을 박았다. 화해가 불가능할 정도로 서로의 아비와 아들을 죽였고 어미와 딸을 모욕했다. 기억은 전승되고 분노와 증오는 대를 이어 서로를 가격한다. 장담컨대 예수와 알라와 아브라함이 합숙을 하며 머리를 맞대도 종교 분쟁은 못 푼다(라고 나는 생각한다). 여기에 성모 마리아까지 가세하면 성냥이 지나가기만 해도 바로 터진다. 현대 종교 분쟁의 핵심은 그리스도교와 이슬람교다. 십자군 전쟁으로 처음 충돌을 했으니 1천 년의 유구한 역사를 이어온 분쟁이다. 그리스도교에 비해 이슬람은 상대적으로 익숙하지 않은 종교다. 그러나 인류의 거의 4분의 1이 믿고 있으며 그리스도교를 가톨릭과 개신교로 분리할 경우 세계 최대의 종교가 된다. 이들은 어디서 출발해 어떤 경로를 거쳐 현재에 이른 것일까.

인류의 종교 문명은 두 개의 장화長靴에서 탄생하고 발전했다. 하나는 날씬한 장화이고 하나는 뚱뚱한 장화다. 날씬한 장화는 이탈리아 반도다. 이탈리아에서 일어나 서양 문명의 뼈대가 된 로마제국은 그리스도교를 품에 안아 전 세계로 퍼뜨렸다. 뚱뚱한 장화는 아라비아 반도다. 예수 탄생 600년 후 그리고 그리스도교가 유럽을 장악한지 300년 후 이슬람이라는 종교를 토해냈다. 재미있는 것은 두 장화의 방향이다. 킥kick을 날리는 방향이 이탈리아 반도는 서쪽이다. 반면 아라비아 반도는 동쪽으로 발끝이 향하고 있다. 그 방향처럼 그리스도교 문명은 서진西進을 계속한 끝에 아메리카 대륙에 세계 최대의 그리스도교 국가를 건설했고 이슬람 문명은 동진東進하며 중동과 동남아시아를 평정했다(물론 서쪽의 아프리카도 포함되지만 주공主攻이 그렇다는 얘기다). 이슬람 하면 중동中東이 떠오르지만 실제 중동이 이슬람 세계에서 차지하는 비중은 생각만큼 높지 않다. 머릿수로 치면 전체의 6분의 1정도에 불과하다. 아시아는 세계 이슬람 인구의 거의 반을 차지하며 인구수가 많은 순서대로 나열하면 인도네시아, 파키스탄, 인도가 1, 2, 3등을 차지한다.

시원始原인 아라비아 반도에서 본격적인 이야기를 시작해보자.

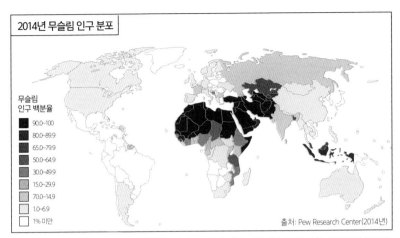

2014년 무슬림 인구 분포

무슬림
인구 백분율

- 90.0~100
- 80.0~89.9
- 65.0~79.9
- 50.0~64.9
- 30.0~49.9
- 15.0~29.9
- 70.0~14.9
- 1.0~6.9
- 1% 미만

출처: Pew Research Center(2014년)

이슬람교도를 의미하는 무슬림 분포 지역이다. 2014년 기준 15억 무슬림 인구 중 아시아에 8억 명, 아프리카에 4억 3천만 명, 유럽에 4천4백만 명, 아메리카에 5백만 명이 살고 있다. 중동은 2억 5천만 명 정도다. 1등부터 5등까지는 인도네시아, 파키스탄, 인도, 방글라데시, 나이지리아 순으로 각기 8천만 명에서 2억 1천만 명까지다. 참고로 인도와 나이지리아는 무슬림 비중이 높지는 않은데 - 각기 14%와 45% -워낙 인구가 많다보니 무슬림 강국이 된 경우다. 그 극단적인 경우가 중국으로 인구의 1.9%에 불과하지만 3천만 명에 등수로는 14등이다.

1만 년 전 아라비아 반도에는 푸른 숲이 있었다. 시간이 흘러 사막화가 진행되면서 지금의 모습으로 변했고 척박의 대명사가 됐다. 중국 당나라, 송나라 때는 이곳을 대식국大食國이라고 불렀다. 사람들이 밥을 많이 먹어서 그랬다는 설명도 있지만 실은 페르시아어로 아랍인을 뜻하는 '타지크'의 음역이다. 중동은 서양의 눈으로 본 지리적 개념이다. 더 정확히는 영국이 '해가 지지 않는 제국'일 당시 동쪽을 세분해서 부른 것인데 the Near East, the Middle East, the Far East의 셋이다. 우리는 이를 근동近東, 중동中東, 원동遠東으로 번역했다. 근동은 동쪽 지중해 연안인 터키, 이스라엘, 시리아 등이다. 중동은 수에즈 운하와 걸프 만 사이의 지역으로 오늘날의 사우디아라비아, 이라크, 이란이 해당한다. 원동은 바로 우리다. 동북아시아 3국인 한국, 일본, 중국이 대표적이다. 유럽 제국諸國과 영국의 영원한 관심사인 인도는 중동과 원동 사이에 있으니 영국인들이 본 동쪽 세상은 근동, 중동, 인도, 원동의 순이었던 셈이다. 그런데 그 3동東 사람들도 그렇게 생각할까. 당연히 아니다. 일단 중국이 발끈할 것이다. 자기네가 세상의 중심인데 원동이니 뭐니 어디서 말 같지도 않은 소리냐며 동서남북의 네 오랑캐인 동이東夷, 서융戎狄, 남만南蠻, 북적北狄에 더해 영국을 먼 오랑캐인 원遠서융으로 부를 것이다. 근동과 중동 사람들은 어떨까. 우리와 유난히 심정적으로 친한 나라인 터키의 예를 들어보자. 터키의 중학교 역사 교과서는 자기네 역사를 흉노에서 시작한다. 그리고 흉노에서 독립한 돌궐이 나라를 세운 552년을 자신들의 건국 기념일로 삼는다.

터키는 자신들이 서양과 동양의 가운데에 있다고 해서 중양中洋이라고 부른다. 바다 이름도 다르다. 고대와 중세에 이들은 지중해를 백해白海, 즉 하얀 바다로 불렀다. 카스피 해는 파란 바다, 청해青海였는데 사실 이래야 앞뒤가 더 잘 맞는다. 백해, 청해, 흑해, 홍해하면 특색도 있고 일관성이 있지 않은가. 중동도 마찬가지다. 최근 200여 년 동안 서양에 뒤처지는 바람에 역사의 주역에서 바람에 밀려나긴 했지만 자기네가 세상의 중심이라 생각한다. 왜? '우리는 알라를 믿는 사람들'이기 때문이다. 해서 중동이라는 표현을 쓰는 것은 우리도 모르게 서양의 관점에서 세상을 보는 셈이다. 아랍과 중동은 자주 혼용되는 단어 중 하나인데 구분하자면 아랍은 문화적인 개념, 중동은 지리적 개념 그리고 이슬람은 종교적 개념으로 이해하면 되겠다.

문화적인 개념인 아랍을 지도로 보면 아라비아 반도와 북아프리카 지역이다. 아라비아 반도에는 예멘, 오만, 사우디아라비아, 카타르, 바레인, 쿠웨이트, 요르단이 있고 그 위로는 팔레스타인, 레바논, 시리아, 이라크가 있다(이스라엘은 당연히 빠진다). 북아프리카에는 모로코, 알제리, 튀니지, 리비아, 수단, 이집트가 있다. 같은 이슬람을 믿지만 인도-유럽 어족인 이란어를 사용하는 이란과 우랄-알타이어 계통의 터키어를 사용하는 터키는 아랍인이 아니다(이란의 경우는 언어를 떠나 좀 더 복잡하다. 나중에 다시 설명한다). 22개국으로 구성된 아랍 연맹은 아랍어를 모국어로 사용하는 지역에 거주하는 사람을 아랍인으로 규정하고 있다. 이슬람은 말한 대로 종교적인 개념이다. 이슬람을 국교로 하는 나라는 57개국인데 단일 종교로는 세계 최대로(로마 가톨릭과 개신교를 다른 종교로 볼 경우) 2020년 현재 대략 18억 명 선이다.

전 세계 이슬람 인구는 매년 증가하고 있다. 신앙 전수율이란 게 있다. 부모에 이어 자녀가 같은 종교를 갖게 되는 비율을 말한다. 그리스도교는 65% 내외다. 반면 이슬람은 거의 100%다. 1930년대 전 세계 이슬람 인구는 2억 3천만 명이었다. 2016년에는 16억을 돌파했고 2030년에는 23억에 이를 것이라고 한다. 예측이 맞아떨어진다면 한 종교의 신자가 100년 동안에 10배로 증가하는 셈인데 놀라운 성장세다. 서구의 경우 일상에서 종교의 역할이 갈수록 미미해지는 것을 감안할 때 신도수로 가늠한 종교 전쟁의 최종 승자는 이들이 될 공산이 높다.

2.
이슬람의 태동 배경

아라비아 반도에서 이슬람이라는 종교가 태동한 것에는 역사적 배경이 있다. 제국에는 항상 숙적이 있다. 로마에게 파르티아가 있었다면 동로마에는 사산 왕조 페르시아가 있었다.

사산 왕조 페르시아는 나중에 후대인들이 붙인 이름이고 당대에 쓰인 국호는 '에란샤'였다. 아리아인의 왕국이라는 뜻으로 현재 쓰이는 국호 '이란'의 어원이다. 서기 224년에 발흥했으며 651년에 간판을 내렸다. 동서양의 슈퍼파워였던 동로마와 사산조 페르시아는 틈만 나면 싸웠다. 사산조 427년의 존속 기간 중 서로 바빠 전쟁을 못했던 379년에서 498년까지 120년을 뺀 300년이 거의 전쟁 상태였다. 이를 보통 300년 전쟁이라 부르는데 우리가 7년 전쟁, 30년 전쟁, 100년 전쟁은 알아도 300년 전쟁은 모르는 것은 역사에 대한 서구적 경사傾斜 때문이다. 전쟁은 인간의 삶을 곤궁하고 예측 불가능하게 만든다. 매일같이 사람이 죽어나간다. 오늘은 옆집 사람이 죽었지만 내일은 그게 내가 될지도 모른다. 이런 상황에서 사람들은 대체 인간이란 무엇인가 그리고 우리의 삶은 무엇으로 위로받을 수 있는가 고민하게 된다(반대로 예술은 한 문명이

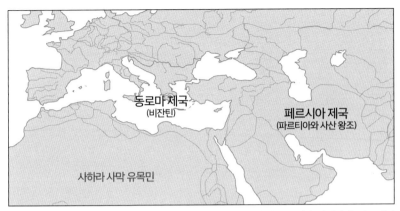

지금의 이라크 일대와 이란 지역이 파르티아와 사산조 페르시아의 전통적인 강역이다. 파르티아는 대략 480년, 뒤를 이은 사산 왕조 페르시아는 430여 년간 존속했다.

절정에 달한 뒤 쇠퇴하기 직전에 만개하는 특징이 있다). 이때 등장하는 것이 철학과 종교다. 고대 그리스 철학의 전성기가 페르시아 전쟁과 펠로폰네소스 전쟁의 시기와 일치하고 공자에서 시작하는 중국 고대철학의 태동이 춘추 전국시대와 맞물리는 것은 바로 그 때문이다. 이성적으로 현실을 진단하려는 노력이 철학이라면 감성적으로 삶의 위안을 얻으려는 노력은 종교적 열망으로 발산된다. 중동 지방 역시 마찬가지였다. 물론 기존의 종교도 있다. 그러나 페르시아의 조로아스터교는 낡아도 너무 낡은 종교였다. 새로 마음을 주기에 선뜻 내키지 않는다. 동로마의 기독교는 어떤가. 이 종교는 지나치게 내세 지향적이다. 해서 현실을 중시하는 사람들에게는 별로 와 닿지 않는다. 그런 면에서 현실도 중시하고 내세도 안심 시켜줄 다목적 종교의 탄생을 기다리던 중동 사람들에게 이슬람은 그럭저럭 맞는 편이었다. 종교가 태동하는 것과 그것이 전파되는 것은 전혀 다른 문제다. 아무리 사람들의 마음을 사로잡는 종교가 있어도 북극이나 남극 오지에서 탄생한다면 결코 세계 종교가 될 수 없다. 종교의 전파에는 운송로가 필요하다. 그리스도교 역시 로마의 길을 따라 사방팔방으로 퍼져나가지 않았던가. 이슬람이 시작된 곳은 아라비아의 메카다. 원래 메카는 조금 큰 규모의 오아시스 도시였다. 메카가 급성장한 것도 300년 전쟁과 관계가 있다. 300년 전쟁의 불똥은 실크로드로 튄다. 중국 시안에서 출발하여 타클라마칸 사막을 지나 카스피 해 남쪽을 거쳐 콘스탄티노플로 가는 길이 막힌 것이다. 고대와 중세 무역은 한두 배 남는 장사가 아니다. 길이 없다고 해서 수십 배, 어떨 때는 수백 배 남는 장사를 포기할 정신 나간 상인은 없다. 이들은 새로운 길을 모색했다. 하나는 바닷길이다. 아라비아 반도를 끼고 홍해를 거슬러 올라갔다. 일부는 비단길 아래 아라비아의 사막으로 눈길을 돌렸다. 사막을 건넌 후 북상하면 동로마 제국의 영토로 들어갈 수 있었다. 둘 다 쉽지 않은 길이다. 사막 길의 경우 건너야 할 사막의 길이는 무려 2,000km에 달했다. 그러나 경제적 이익을 포기할 수 없었던 상인들은 과감히 목숨을 건 여정에 나섰다. 바닷길이든 사막길이든 쉬어갈 곳이 필요하다. 그게 아라비아의 '메카'였다. 게다가 메카에는 이미 오래전부터 시리아의 중심지인 다마스쿠스로 가는 루트가 만들어져 있었다. 상인들의 중간 기착지로 자리 잡으면서 메카는 급격히 성장한다. 신흥 종교가 확산될 충분한 요건을 갖추게 된 것이다.

3.
예언자 무함마드, 천사 지브릴을 만나다

    그리스도교는 당시 유럽은 물론이고 서아시아에서도 가장 빠르게 성장하는 종교였다. 중동 전역까지 그리스도교로 통일될 것이 확실해 보이던 이즈음 아라비아에서 강력한 카운터펀치가 날아온다. 바로 무함마드라는 인물이다(무함마드는 아랍어 이름으로, 가끔 마호메트라고 쓰는 사람도 있는데 이슬람 신도들이 들으면 질색을 한다. 마호메트는 터키어 메흐메트를 프랑스어 식으로 옮겨 적은 것으로 르네상스 시기부터 프랑스에 퍼지기 시작했다). 무함마드가 태어난 아라비아 반도는 삼면이 바다지만 정작 반도의 대부분은 바짝 마른 모래땅으로 사람이 살기에는 아주 힘든 조건이다. 끝없이 사막이 이어지다가 가끔은 야자나무가 우거진 작은 숲이 보이기도 했는데 이 숲을 사람들은 오아시스라고 불렀다. 570년경 서부 아라비아의 상업도시인 메카에서 태어난 무함마드는 최고 명문가였던 쿠레이쉬족族의 일파인 하심가家 출신이다. 그의 아버지는 무함마드가 태중에 있을 때 사망했고 어머니 역시 그가 여섯 살 때 병으로 세상을 떠난다. 여섯 살에 고아가 된 무함마드를 거둔 것은 할아버지인 압둘 무탈립이었다. 그러나 얼마 안 가 할아버지마저 세상을 뜨고 무함마드는 삼촌인 아부 탈립의 손에 맡겨진다. 연달아 보호자를 잃었으니 어린 시절이 불우했을 것은 당연한 일이다. 무함마드는 열두 살 나이에 독립한다. 유난히 잘나서가 아니다. 아랍 사회에서는 그 나이까지 남의 신세를 지는 것을 부끄러운 일로 여긴다. 가진 것 하나 없는 무함마드가 고를 수 있는 일은 많지 않았다. 다마스쿠스와 예멘을 오가는 대상隊商에 합류한 무함마드는 장사를 배우고 더 큰 세상을 경험한다. 무함마드는 꽤나 감성적인 젊은이였다. 그는 다마스쿠스에서 남편이 아내와 딸을 파는 장면을 목격하고 충격을 받는다. 단지 배가 고프다는 이유로 사람이 사람을 그것도 가족을 팔아넘기는 것을 보면서 아, 세상이 이렇게 돌아가면 안 되는데, 생각했다. 세계와 인간에 대한 이런 고민들이 젊은 무함마드의 마음속에 차곡차곡 쌓이기 시작한다.

남 동정할 게제가 아니었다. 무함마드는 스물이 넘어서도 결혼을 못했다. '알 아민(믿음직한 사람)'이라는 별명까지 붙었지만 수중에 돈이 없었다. 지참금이 없으면 결혼이 불가능하던 시대다. 무함마드는 사촌누이에게 청혼을 했지만 삼촌의 반대로 좌절한다. 이 무렵 메카 최고의 부자 카디자라는 미망인이 무함마드를 스카우트한다. 5년간 카디자 밑에서 피고용인으로 일하던 무함마드는 스물다섯이 되던 해 카디자의 남편이 된다. 당시 두 사람의 나이 차이는 열다섯 살. 돈과 젊음의 교환 소리를 들을 수 있는 결혼이었다. 결혼 후 무함마드는 관리직으로 자리를 옮긴다. 대상 행렬이 다마스쿠스를 한번 다녀오려면 대략 6개월 정도가 걸린다. 관리자에게는 그동안 할 일이 별로 없다. 시간이 많아진 무함마드는 '히라'라는 동굴을 자주 찾았고 명상에 전념했다. 그 세월이 무려 15년이다. 무함마드가 마흔이 되던 610년 신비한 일이 벌어진다. 캄캄한 어둠 속에서 서슬 푸른 목소리가 들려온 것이다. "무함마드야, 너는 신의 사자니라." 무함마드는 기절할 정도로 놀랐다. 동굴에서 뛰쳐나오려는 그의 뒷덜미를 목소리가 잡았다. "무함마드야, 나는 천사 지브릴이다. 그리고 너는 신의 사자다. 그러니 읽어라." 무함마드는 떨면서 대답했다. "저는 글을 모릅니다." 순간 허공에 불로 새겨진 글씨들이 나타났다. 글을 모르는 무함마드였지만 어찌된 일인지 내용을 알 수 있었다. 이때 지브릴이 보여준 것이 나중에 쿠란이라고 불리게 될 경구들이다(영어식으로 '코란'이라는 말이 오랫동안 널리 쓰였지만 '꾸란'이라는 용어도 학계에서 많이 쓰고 있다. 원어에 가장 가깝게 발음하면 '꾸르안'이 되지만 국립국어원 표기로는 '쿠란'인 까닭에 이 책에서는 쿠란으로 통일한다). 이 신비로운 체험은 쿠란 96장 '능력과 영광의 밤'에 기록되어 있다(지브릴은 그리스도교에 나오는 천사 가브리엘의 아랍 이름). 히라 산에서 돌아온 무함마드는 내가 미쳤나 봐요, 하며 아내에게 자기가 겪은 이야기를 들려준다. 카디자는 미치긴요, 오히려 기뻐하며 무함마드가 민족의 예언자가 될 것이라 치켜세운다(현명한 여자임에 틀림없다). 하긴 오래전 상인들을 따라다닐 때 만났던 그리스도교 성직자도 무함마드가 큰 예언자가 될 것이라 한 적이 있었다. 운명은 순응하는 사람은 태우고 가고 반항하는 사람은 두들겨 패서 끌고 간다. 며칠을 끙끙 고민한 끝에 무함마드는 자신의 운명에 순응하기로 한다. 이때부터 지브릴은 무함마드가 죽을 때까지 말씀을 전해준다. 그 기간이 무려 23년이다. 무함마드는 글을 모른다고 했는데 그렇다면 최초의 기록은 누가 했을까. 카디자다. 그녀는 글을 읽고 쓸 줄 아는, 당시 아랍에서는 최상층의 엘리트 여성이었다. 카디자가 옮겨 적기는 했지만 구전으로 전해지던 쿠란이 오늘날의 모습을 갖춘 건 3대 칼리파인 오스만 때 와서다. 그때 기록된 쿠란은 거의 변형 없이 지금까지 전해져 내려온다. 다만 초기 아랍어에는 현재와 달리 자음의 점과 모음 부호가 없어 이것만 달라진 정도다.

포교는 쉽지 않았다. 1년 동안 무하마드의 말에 넘어간 사람은 가족, 친구, 친척 그리고 집에서 부리던 하인까지 70여 명이 전부였다. 보험 판매업은 가족과 친척들에게 팔고 난 뒤부터가 진짜 실력이다. 포교도 마찬가지다. 70여 명은 별로 내키지는 않지만 얼굴을 봐서 그냥 믿어주기로 했을 것이다. 가족이니까, 친구니까, 친척이니까(심지어 숙부 아부 탈립도 무하마드가 하는 말을 진심으로 믿지는 않았다). 그러니까 사실상 실패했다고 보면 된다. 일단 무하마드의 설교는 당시 사람들의 정서와 맞지 않았다. 약탈과 보복 전쟁이 일상인 곳이었다. 내일을 기약할 수 없던 아랍인들은 술을 많이 마셨고 활발한 성적性的 활동을 통해 그날의 불안을 잊었다. 그런데 도덕적이고 순종하는 삶이라니요. 먹힐 턱이 없는 이야기들을 무하마드는 일 년 내내 떠들어 댄 셈이다. 게다가 무하마드가 하는 이야기들은 별로 신선하지 않았다. 아라비아 반도의 남서쪽(지금의 예멘 지역)에 '힘야르'라는 왕국이 있었다. 기원 전 110년부터 기원후 525년까지 존속했는데 이 왕국이 유대교를 믿는 왕국이었다. 왕국 바로 위가 메카이니 메카 사람들도 유대교에 대해서 들은 적이 있었을 것이다. 그런데 무하마드가 하는 이야기들은 유대교와 자주 겹쳤다. 당연히 외면을 당할 수밖에 없는 것이 무하마드의 포교였다. 지지자는 별로 없었지만 적대자는 많았다. 특히 메카를 지배하던 귀족 세력들은 무하마드를 눈

엣가시처럼 여겼다. 메카에는 수백 개나 되는 신을 모시는 대신전이 있었고 귀족들은 자기가 믿는 신을 알현하러 메카를 방문하는 사람들을 상대로 이익을 챙겼다. 그런데 유일신이라니. 자칫하면 순례자들의 발길이 모조리 끊길 수도 있는 위험한 이야기였다. 그리고 최종적으로, 무함마드는 우리 모두는 형제라고 했다. 예수가 인간은 모두 평등하다며 로마를 뒤흔들어 놓았던 것처럼 무함마드의 이 발언은 메카 귀족들의 혈압을 올리기에 충분했다.

619년 무함마드 인생 최대의 위기가 닥친다. 아내인 카디자와 숙부인 아부 탈립이 연달아 세상을 뜬 것이다. 카디자가 심리적으로 무함마드를 지탱해주었다면 아부 탈립은 무함마드의 정치적인 바람막이였다. 아부 탈립의 이복형 아부 라합은 무함마드의 안전에는 관심이 없었다. 결국 무함마드는 메카 탈출을 결심하지만 메카 귀족들이 무함마드를 곱게 보내줄 리 없었다. 암살자들은 무함마드를 매섭게 따라붙었다. 무함마드는 알 수 없는 힘의 도움으로 여러 차례 위기를 넘긴다. 가령 은신처 앞에 거미가 거미줄을 친다든지 새가 둥지를 튼다든지 하는 식으로 알라의 손길은 때마다 무함마드를 감쌌다. 이렇게 메카에서 도망친 사건을 '헤지라'라고 하는데 이슬람교에서는 이 해를 이슬람의 원년으로 친다. 정확히는 메카 탈출이 아니라 야스리브 도착이고 율리우스 달력으로 대략 622년 7월 2일로 추정된다. 이때부터 이곳은 계몽된 빛의 도시, 예언자의 도시로 불리게 되었고 줄여서 도시라는 뜻의 메디나가 된다. 메디나에 정착한 무함마드는 그곳에서 움마라고 하는 이슬람 공동체를 열고 우두머리가 된다. 씨족 몇 개 정도의 이 작은 공동체는 나중에 우마이야라는 왕조로 유럽인들에게 알려지게 된다.

메디나에서 무함마드는 기도하는 집인 '모스크'를 짓고 금요일에 모여 함께 기도를 했다. 예배 보는 날을 금요일로 정한 이유는 유대교가 토요일을, 그리스도교가 일요일을 선점했기 때문이다. 무함마드는 이렇게 가르쳤다. "믿는 사람들끼리 서로 신의를 지켜라. 늘 이웃을 보살피고 공경하라. 술을 마시지 말고 돼지고기를 먹지 말라. 가족을 잘 보살펴라." 메디나에는 토착 유대인들이 살고 있었다. 헤지라 초기 무함마드와 유대인들의 관계는 나쁘지 않았다. 그들은 똑같이 예루살렘을 향해 예배를 드렸고 우호와 선린의 관계를 유지했지만 얼마 지나지 않아 관계가 삐걱대기 시작한다. 처음 유대인들은 무함마드를 자기들과 같은 종교를 믿는 사람으로 알았다. 아니었다. 교리의 끄트머리에서 무하마드는 자신이 알라가 보낸 최후의 예언자라고 주장했고 유대인들은 이를 받아들일 수 없었다. 교리가 비슷하다보니 유대인들 중에서도 무함마드 쪽으로 개종자가 나오기 시작한다(후발 주자의 이점은 이전 종교의 약점을 보완하는 논리를 가지고 있다는 것이). 무함마드는 점차 위협적인 존재가 되어갔고 유대인들의 눈치를 보지 않게 되면서 끼블라(예배 방향)를 아예 메카 쪽으로 돌린다. 유대인들과 같은 편이 아님을 공식으로 선언한 것이다. 그렇다고 무함마드에게 예루살렘이 중요하지 않은 것은 아니었다. 무함마드가 처음 유대인들과 예루살렘 방향으로 절을 한 것은 이유가 있다. 헤지라 1년 전인 621년 무함마드는 신비한 체험을 한다. 기도 도중 멀리 떨어진 한 사원으로 공간 이동을 했고 거기서 하늘로 올라가 알라와 예수 그리고 이전 선지자들의 말을 듣고 다시 메카로 돌아온 것이다. 이때 멀리 떨어진 사원으로 간 것을 '이스라'라고 하고 알라의 명령을 듣고 집으로 돌아온 것을 '미라지'라고 한다. 무함마드의 최후로 잘 못 알려진 승천설은 바로 이 체험을 말하며 멀리 떨어진 사원이 바로 예루살렘 성전 터였다고 한다. 해서 지금도 예루살렘은 메카, 메디나와 함께 이슬람의 3대 성지다.

어느 정도 안정이 되자 무함마드는 자신을 잡아 죽이려던 메카와 전쟁에 돌입한다. 624년 메카인들과 벌인 첫 번째 전투의 승자는 무함마드였다. 625년 메카가 반격에 나선다. 두 번째 전투는 메카인들의 승리였다. 이때 유대인들이 메카인들 편에 가담하여 무함마드와의 관계는 최악이 된다. 627년 이번에는 끝을 보겠다며 메카에서 1만 명이 쳐들어온다. 무함마드는 3천여 명의 병력으로 참호를 파고 항전한 끝에 가까스로 침공을 막아낸다. 전투에서 승리한 무함마드는 유대인 청소에 들어간다. 남자들은 모조리 목을 베고 여자들은 노예로 삼았다. 시작부터 끝까지 잔혹했고 자비는 없었다. 유대인 노인들과 부녀자들은 남자들의 시신을 안고 통곡했다. 무함마드는 메디나의 경쟁자 없는 지배자가 된다. 이제 메카 문제를 완결 지을 차례다. 그는 자신의 고향이기도 한 메카를 절멸시킬 생각이 없었고 그만한 체력도 없었다. 한편으로 아직은 세력이 미약한 관계로 메카와 우호적인 관계를 유지해야 했다. 628년 무함마드는 메카와 협상에 들어간다. 합의한 내용은 셋이다. 무함마드가 요구한 것은 메디나 무슬림의 안전한 메카 순례였다. 메카 측 요구는 무함마드가 좋아서 메디나로 온 사람이라도 보호자가 요청하면 즉시 메카로 돌려보내라는 것이었다. 서로의 조건을 수용한 양측은 향후 10년간 휴전하며 다른 부족들 간의 전쟁에도 양측 모두 개입하지 않을 것을 합의한다. 첫째 조건은 지켜진다. 629년 메디나 무슬림의 메카 순례 때 메카인들은 군말 없이 사흘간 도시를 비워준다. 그러나 부족들 사이의 분쟁에 메카가 끼어드는 것으로 조약은 깨지고 630년 결국 무함마드는 군사를 일으켜 치열한 전투 끝에 메카를 정복한다. 전쟁 개시 7년 만이 었다. 메카를 점령한 무함마드의 일성은 강렬했다. "오늘 이후로는 오직 이슬람교도만이 이 도시에 들어올 수 있다. 만약 우리의 신앙을 믿지 않 는 사람이 이 도시에 들어오면 그 대가는 죽음으로 치르게 될 것이다." 무함마드의 메카 선언은 현대에까지 이어지며 이슬람과 서방의 갈등하 는 기원이 된다. 무함마드는 다신교도가 지배하던 카바(메카에 자리 잡은 이슬람 대사원 근처의 작은 성소)를 신성한 장소로 선포했다. 이슬람 신자들 은 그곳을 아브라함과 그의 아들 이스마엘이 세웠다고 주장한다. 메카 와 메디나 지역을 통합한 무함마드는 부족 사이의 갈등을 중재하며 기 반을 다진다. 세금을 걷었고 젊은 남성들을 선발해 군대를 만들었다. 아 랍인들의 삶의 형태와도 어울리지 않고 특별히 새로울 것도 없었던 이 슬람이 이토록 급격하게 성장한 이유가 궁금할 것이다. 그건 대세大勢다.

유목민들은 삶의 특징상 뛰어난 인물이 등장하면 우르르 몰리는 경 향이 있다. 몽골 초원에서 칭기즈 칸이 군사를 일으켰을 때 순식간에 세 가 불어났던 것과 비슷하게 생각하시면 되겠다. 물론 약점은 있다. 이 인 물이 사라지거나 사망하면 집단은 빠른 속도로 해체된다. 무함마드 사 후 이슬람이 계속 성장을 한 것은 이들이 군사에 더해 종교를 입고 있었 기 때문이다. 이슬람은 아랍의 정체성을 만들어가는 유용한 도구였고 종교 공동체가 국가의 형태로 발전하는, 흔치 않은 사례를 선보인다. 무

함마드는 632년 마지막으로 메카 순례를 떠났고 그곳에서 죽는다. 사인
은 암으로 추정된다. 그의 마지막 설교 주제는 언제나처럼, '모든 무슬림
은 형제이니 무한히 서로 사랑하라' 였다.

　무함마드는 세 번째 아내였던 아이샤의 팔에 안긴 채 삶을 마감한다.
아이샤는 무함마드 사후 초대 칼리파가 되는 아부 바크르의 딸이다. 칼
리파는 '칼리파트 라술 알라'의 줄임말로 신의 사도의 대리인이라는 뜻
이다. 종교적인 권위와 세속적인 통치권을 통합한 존재이며 미국, 유럽
발음으로는 칼리프가 된다. 아이샤는 무함마드와 여섯 살에 약혼을 하
고 아홉 살에 혼례를 올린다. 이 결혼에 대해 서구의 시각은 상당히 부정
적이다. 겨우 아홉 살에 혼례라니 상당히 혐오스럽다는 비난이다. 그러
나 한 겹 벗겨보면 보이는 시각이 달라진다. 무함마드의 아내는 모두 열
두 명이었다. 카디자를 제외하면 전부 무함마드가 정복 전쟁을 시작한
후에 얻은 아내들인데 신을 경외하는 사람이 갑자기 육욕에 빠져 그랬
을 리 없다. 이들은 정략결혼 혹은 혼인동맹 그도 아니면 구제결혼이었
다. 무함마드는 2대 칼리파가 되는 오마르의 딸 하프샤도 아내로 맞는
다. 정략결혼이다. 그 외 사우다, 자이납, 살라마 같은 이름을 가진 부인
이 있었는데 이는 전사자들의 딸을 아내로 받아들인 경우다. 자기만 받
은 것이 아니다. 자기의 딸인 파티마는 유력 가문이었던 알리에게 시집
보냈고 다른 딸 루까이야는 3대 칼리파가 되는 우스만에게 주었다. 루
까이야가 죽자 또 다른 딸인 움무 쿰술을 다시 시집보냈는데 A/S 개념
이 아니라 그만큼 동맹 유지가 절실했기 때문이다. 아이샤와의 혼인은
유럽 왕가에서 집안의 평안과 팽창을 위해 한두 살짜리 아이들을 약혼

시킨 것과 비슷하다. 무함마드는 모두 ?남 4녀를 두었는데 이중 파티마만 살아남고 나머지는 전쟁 등의 이유로 일찌감치 사망한다. 졸지에 고명딸이 된 파티마는 무함마드 사후 후계자 문제를 놓고 심각한 갈등을 불러온다.

메디나로 도망쳤다가 사망할 때까지 10년 동안 무함마드가 이룬 업적은 경이에 가깝다. 그 짧은 기간 동안 아라비아 반도 전역을 이슬람교로 통일했는데 아무리 유목 민족 특유의 대세 쏠림 현상을 감안하더라도 놀라운 일이다. 여기에는 이슬람교가 가진 교리의 단순성도 한몫을 했다. 이슬람이라는 말은 '신의 명령에 복종하는 것'을 의미한다. 그리고 신의 명령은 신의 사자를 통해서 전달된다. 신도들은 신의 사자가 말하는 것을 그대로 따르기만 하면 된다. 단순하다 못해 조악할 지경인 가장 간결한 형태의 종교였다. 교리는 단순했지만 종교적인 계율은 복잡하다. 신자를 무슬림이라고 하는데 '절대적으로 복종하는 자'라는 뜻이다. 신자들은 하루에 다섯 번씩 기도하고 한 달간 단식 행사인 라마단을 지켜야했으며 평생에 한 번은 메카 순례를 해야 했다. 무함마드가 죽은후 이슬람의 팽창은 더 속도가 붙는다. 635년 시리아의 수도 다마스쿠스를 함락했고 636년에는 사산 왕국 페르시아를 무너뜨렸다. 637년에는 예루살렘을 접수하고 641년에는 아프리카의 알렉산드리아까지 쳐들어갔다. 711년에는 북아프리카를 가로질러 이베리아 반도를 점령했다. 불과 200년 동안 이슬람은 알렉산드로스, 로마에 이어 세 번째로 아시아, 아프리카, 유럽 세 대륙에 걸친 대제국을 건설한 것이다. 이슬람이주춤한 것은 13세기에 몽골 제국이 일어났을 때뿐이지만 그러나 몽골의 지배자들이 얼마 안 가 이슬람으로 개종했기 때문에(이유는 몽골 제국을 다룰 때 설명한다) 종교적으로만 보자면 이슬람 제국은 쉼 없이 확장을 한 셈이다. 인도에서 불교가 위축된 이유도 이슬람의 진출 때문이었다.

4.
쿠란과 샤리아에 대한 이해

이슬람의 경전은 쿠란이다. '읽다', '읊다'라는 뜻이다. 쿠란은 약 7만 8천 개의 어휘로 이루어져 있고 모두 114장(수라라고 한다)으로 되어 있다. "참으로 자비로우시고 자애로우신 알라의 이름으로"로 시작되는 1장은 흔히 개경장開經章이라고 하는데 7개의 절로 되어 있다. 무슬림들이 예배를 드릴 때 꼭 외우는 구절로 7개의 절은 다음과 같다.

온 세상의 주인이신 알라를 칭송할지어다.
참으로 자비로우시고 자애로우신 분.
심판일의 주재자.
당신을 우리가 믿고 당신한테 구원을 청하나니
우리를 옳은 길로 인도하소서.
당신께서 은총을 내려주신 사람들의 길로
노여움을 산 사람들이나 길 잃은 사람들이 간 그런 길이 아닌 곳으로.

전체 길이는 신약성서의 5분의 4정도 분량인데 무슬림은 이 쿠란을 반드시 아랍어로 외워야 한다. 계시를 받는 동안 신은 무함마드에게 경고했다. "너는 혀를 지나치게 빨리 놀리지 말라. 계시의 구절을 모으고 그것을 낭송케 하는 것은 나의 일이니. 나의 계시를 왜곡하지 않도록 조심하라." 신성한 신의 말씀이므로 의역은 물론이고 절대 다른 언어로 번역해서도 안 된다는 얘기다. 원칙은 그렇지만 물론 나라마다 번역한다.

이슬람에서는 이 신을 알라라고 부른다. 알라는 아랍어로 하나님이라는 뜻이다. 이슬람교도들이 가장 큰 죄로 여기는 것이 그리스도교와 마찬가지로 알라 이외의 신을 섬기는 것이다. 여기서 이슬람은 다른 종교와 공존할 수 없는 치명적인 한계를 지닌다. 알라를 설명하는 이름은 99개나 되는데 이 중 가장 많이 불리는 것이 '자비로운 분'이다. 알라의 주변에는 시중을 드는 지브릴 같은 천사들과 이슬람을 믿지 않은 자들과 싸울 때 동원되는 전사들이 있다. 진이라고 하는 정령도 있다. 진은 두 종류다. 사람을 위해 수호천사 역할을 하는 좋은 진이 있고 사람을 못살게 구는 나쁜 진도 있다. 아라비안나이트에 나오는 요술램프의 '지니'가 바로 이 좋은 진이다.

무함마드가 받은 계시는 대략 세 단계로 구분이 가능한데 메카 시대, 메카-메디나 시대 그리고 메디나 시대다. 쿠란의 앞부분은 시간의 흐름과는 반대로 주로 메디나 시대의 것들이다. 반대로 뒷부분은 대체로 메카 시대인 초기의 것들이 많다. 초기 메카 시대에는 종말과 최후 심판 등 종교적인 내용이 주를 이루고 있고 뭐뭐하면 재미없을 줄 알라는 식의 경고 문구가 다수 포함된, 약간 공포물이다. 중기 메카 - 메디나 시대에서는 흐름에 변화가 생기는데 초기에 비해 종교적 격정이 완화되고 스토리가 많이 들어가 있어 읽는 재미가 있다. 후기인 메디나 시대는 율법적인 성격이 강하다. 예배와 순례에 안내, 음주와 노름, 이자 취득의 금지 등 일상생활에서의 해야 할 일과 하지 말아야 할 일이 상세히 기록되어 있다. 예언자에서 통치자로 바뀐 무함마드의 위상과 일치한다.

  메카와 메디나라는 도시의 성격을 알면 쿠란을 이해하기가 더 쉽다. 메카는 나무라고는 찾아볼 수 없는 그야말로 불모의 땅이다. 그러나 인도양과 홍해와 지중해를 연결하는 통로에 위치하고 있어 상업 도시로 일찌감치 각광을 받았다. 물자가 오가는 이 도시를 더욱 흥하게 만든 것이 종교적인 성격의 가미다. 메카에는 '잠잠 우물'이라는 샘물이 있었다. 각지에서 오는 상인들은 이 샘물에서 갈증을 해소하고 다시 길을 떠났다. 메카 시대의 쿠란을 보면 '아래에 냇물이 흐르고 샘이 솟는 천상의 낙원'이라는 표현이 자주 등장하는데 이게 당시 메카 사람들의 이상향이었다. 메카의 중심지에는 카바 신전이 있었다. 무함마드가 이교도의 출입을 금하기 전까지 이곳은 다신교의 신전이었다. 우상의 숫자는 수백 개를 헤아렸고 알라도 한때는 이 중 하나였다. 당연히 이 신전은 아랍 부족들의 집합 장소였다. 1년 내내 약탈과 보복이 이어지지만 신전을 순례하는 신성월神聖月에는 일체의 전투 행위가 금지되었다(이 계율을 깨고 전쟁을 개시한 사람이 무함마드다. 당시 아랍 세계는 경악!). 한편 메디나는 메카와는 성격이 전혀 다른 도시다. 상업도시이자 대추야자 재배를 주업으로 하는 오아시스 농업도시이기도 했다. 다신교인 메카와 달리 메디나는 유일신의 도시에 가깝다. 유대인들이 많이 살았기 때문이다. 무함마드가 받은 계시는 전혀 다른 이 두 도시의 성격과 매우 유관하다. 다신교가 극성을 부렸으므로 메카 계시는 종말과 심판이라는 위협적인 언사가 많을 수밖에 없다. 메디나는 유일신의 도시인만큼 자연히 그런 위협적인 말투가 적었다. 쿠란 114개의 장 중 메디나 계시는 20개이고 나머지 94개는 메카 계시다. 그러나 장구의 길이로만 보면 메디나 계시는 쿠란 전체의 3분의 1 수준으로 메카 계시를 압도한다. 메디나 이주 후 무함마드는 정치, 경제, 군사, 사회적으로 할 말이 많아졌기 때문이다. 메카 계시가 우상숭배 부정과 유일신 신앙의 확립에 모아졌다면 메디나 계시는 사회적, 경제적, 정치적이다. 그것은 지상에 신의 나라를 세우려는 열망이 반영된 설계도이기도 했다.

이슬람은 인간에게 살아가는 동안 지켜야 할 규범을 주었는데 그게 샤리아다. '마실 수 있는 물의 원천', '지켜야 할 것', '올바른 길' 등의 뜻을 담고 있는 샤리아는 이슬람의 법체계로 종교생활은 물론이고 가족, 사회에서부터 경제, 정치, 국제관계에 이르기까지 무슬림 세계의 모든 것을 규정한다. 신의 말씀으로 이루어진 체계이므로 일반적인 법체계와는 당연히 많이 다르다(세계 3대 법 체계는 영미법, 대륙법, 샤리아). 그럼 쿠란과 샤리아는 어떤 관계인가. 요건 좀 잘 기억해두도록 하자. 샤리아의 법원法源이 되는 것은 여럿이다. 먼저 쿠란이다. 그다음 지위를 차지하는 것이 무함마드의 말이나 행동을 기록한 하디스다(순나라고도 한다). 쉽게 말하면 쿠란은 알라의 말씀, 하디스는 무함마드의 어록이다. 어떤 사회적 현상에 대해 법적 판단을 해야 할 경우가 있으면 일단 제 1법원인 쿠란을 찾아본다. 그리고 거기에 해당 내용이 없으면 다음으로 제 2법원인

파르으(사안)	아쓸(유추 영역)	일라(이유)	후큼(판례)
마약	술	취하게 하여 인간의 이성을 망가뜨림	금지
미인대회	얼굴, 손 발 외 노출금지	신체 다량 노출	금지

하디스를 검색한다. 그런데 쿠란이나 하디스는 까마득한 옛날의 기록이다. 현대의 미묘한 사안을 감당할 수 없다. 이 경우 이슬람 법학자들은 쿠란과 하디스를 근거로 '이즈마'라고 하는 다수의 합의를 통해 사안을 판별한다. 해서 이즈마를 제 3법원이라고도 한다. 그래도 판별이 안 될 경우가 있다. 가령, 마약 문제다. 이때 동원되는 것인 '끼야스'인데 쉽게 말해 유추 해석이다. 법원에서 유사한 것을 찾아내 판별하는 것인데 여기에는 '파르으', '아쓸', '일라', '후큼'의 네 가지 요소가 있다. 복잡해 보이지만 표로 그려보면 간단하다(각 요소에 대한 설명은 필자의 해석).

　마약은 술에 해당하므로 금지라는 얘기다. 이 네 가지인 쿠란, 하디스, 이즈마, 끼아스가 샤리아의 법원이 된다. 이즈마와 끼아스에 대해서는 법학파마다 순위가 다르기도 하고 아예 끼아스를 법원으로 인정하지 않는 경우도 있다.

5.
이슬람의 기둥 6신信과 5행行

이슬람을 떠받치는 기둥은 6신信과 5행行이다. 여섯 가지 믿음인 6신은 알라, 천사, 성서, 예언자, 부활과 심판, 신의 명령이다. 유일신인 알라에 대한 절대적인 믿음은 따로 설명할 필요가 없겠다. 이슬람의 천사는 빛으로 창조되었고 먹지도 마시지도 않으며 오로지 신의 명령을 수행하는 존재다. 모든 인간에게는 네 명의 천사가 따라붙는데 둘은 낮에, 또 다른 둘은 밤에 인간의 모든 행위를 기록한다. 우측에 있는 천사는 착한 일을, 좌측에 있는 천사는 나쁜 일을 기록한다. 이 기록이 최후의 심판 날에 천국과 지옥행을 가른다. 이슬람에서 말하는 성서는 쿠란 하나가 아니다. 쿠란은 성서의 하나로 이슬람의 성서는 모두 104개이다. 아담에게 준 10개, 아담의 셋째 아들인 셋에게 준 50개, 이드리스에게 준 30개, 아브라함에게 준 10개 등 100개에다 모세에게 준 토라, 다윗에게 준 시편, 예수에게 준 복음 그리고 마지막으로 무함마드에게 준 쿠란을 더하면 104개가 된다. 유일한 성서가 아니라 성서 중 하나라는 말은 좀 이상하게 들릴 수 있겠다. 그들은 이슬람이 우주가 창조될 때부터 있었으며 다만 잘못된 방법으로 인류에게 전달되었기 때문에 이를 바로 잡기 위해 신이 그리스도를 보냈고 그게 영 신통찮아 마지막으로 최후의 예언자로서 무함마드를 내려보냈다고 주장한다. 그래서 이슬람은 성서의 구약을 대체로 믿으며(물론 자기들 입맛에 맞게 많이 뜯어고쳤다) 예수도 예언자로 높이 평가한다. 다만 인간으로서 그렇다는 얘기다.

예언자나 사도의 자격은 노력의 결실이 아니라 오직 알라의 선택이다. 해서 예언자와 사도는 철저히 인간일 뿐으로 경배의 대상이나 구원의 주체가 될 수 없다. 부활의 날이 오면 별들이 빛을 잃고 하늘이 쪼개진다고 한다. 부활의 나팔소리와 함께 인간의 영혼은 자신의 육체를 수리, 수선한다(재가 되어 날리고 수천 개의 조각으로 해체된 살점들을 다 끌어모아야 하니 많이 바쁘겠다). 부활의 날에 몸을 일으키는 최초의 인간은 무함마드다. 무함마드는 알라의 오른편에 서며(위치가 예수와 같다) 그의 깃발 아래 다른 사도들이 정렬한다. 선행을 기록한 장부가 펼쳐지고 이를 저울에 달아 천국에 갈 인간과 지옥에 갈 인간을 분리한다. 신의 명령은 일종의 예정론이다. 이제껏 이루어진 일과 이루어질 일은 모두 알라의 뜻이며 인간의 운명 또한 마찬가지다. 무슬림들이 인샬라(알라가 원하신다면)를 입에 달고 사는 이유다. 모든 것이 이미 정해져 있다면 사람들이 대충 막 살 것 같지만 반대로 더 열심히 살게 된다. 이게 예정론의 묘미이기도 한데 자신은 선택받은 자라는 생각을 하면서 살면 선행에도 앞장서고 불의의 척결에도 망설이지 않게 된다(여기서 루터나 칼뱅을 떠올리신다면 옳게 이해한 것이다).

5행은 믿음 고백, 기도, 헌금, 단식, 순례인데 이슬람 신자라면 반드시 지켜야 한다. 먼저 믿음 고백이다. '알라 외에는 신이 없으며 무함마드는 그의 예언자'라는 말을 반복해서 읊는다. 아이들의 머리맡에서 읊어주고 특별한 행사가 있을 때에도 빠뜨리지 않는다. 아랍어로는 '샤하다'라고 한다. 대통령의 취임사도 이 두 구절로 시작한다. 비非무슬림이 사람들 앞에서 이를 외치면 다른 절차 없이 바로 무슬림의 자격을 얻는다. 아랍 극렬분자들에게 인질로 잡혔을 때 이 구절을 읊으면 많이 도움이 된다. 혹시 모르니 참고로 적는다. '라 일라하 일랄라, 무함마둔 라수룰라'. 이렇게 간절하게 외치면 된다. '살라트'라고 하는 기도는 새벽, 정오, 오후, 해질 때 그리고 밤 등 모두 다섯 번을 한다. 그냥 기도하면 안 된다. 반드시 몸을 정결하게 하고 물로 씻고 해야 한다. 물이 없으면 모래로라도 씻는다. 기도하기 전에는 먼저 신발을 벗는다. 그리고 깔개를 펴고 메카를 향해 엎드려 기도한다(LG전자가 피처폰 시절 자동으로 메카 위치를 알려주는 핸드폰으로 초대박을 친 일은 유명하다). 기도를 다섯 번이나 하는 이유는 유목민의 특성과 관계가 깊다. 그리스도교는 일주일에 한 번 같은 장소에서 예배를 본다. 한 공간에 사람들을 모을 수 없었던 이슬람은 대신 시간을 선택했고 기도하는 방향을 통일했다. 같은 시간, 같은 방향을 향해 기도하는 것으로 이슬람은 정체성을 만들어 간 것이다. 헌금은 '자카트'라고 한다. '정결하게 하다', '증가시키다'의 뜻이다. 욕심을 버려 마음을 정결하게 하며 헌금한 사람에게는 오히려 물질이 늘어난다고 믿는다. 보통 재산의 2.5%를 바친다.

이슬람 하면 떠오르는 것 중 하나가 단식 행사인 라마단이다. 무함마드가 신의 계시를 받은 달을 기념하는 것으로 낮에는 먹고 마시는 것이 일절 금지다. 밤에는 해제다. 병자, 여행자, 아기에게 젖을 먹이는 어머니와 어린이는 라마단에서 제외된다. 라마단이 끝나면 사흘 동안 축제를 벌여 알라를 찬미한다. 단식은 '사움'이라고 한다. 간헐적 단식은 최근의 트렌드다. 일정 시간 공복을 유지하면 건강에도 좋다. 정신은 당연히 맑아지니 종교적이면서도 생활의 지혜인 셈이다. 무슬림은 평생에 적어도 한 번은 메카에 다녀와야 한다. 이게 마지막 기둥인 순례다. '하지'라고 부르는 이 순례 도중에는 머리나 손톱을 깎으면 안 된다. 세상에서 입었던 옷을 벗고 천으로 된 간소한 차림으로 갈아입은 후 맨발로 순례를 시작한다. 메카에 가면 카바 성전에 있는 검은 돌(운석으로 추정된다)을 중심으로 시계 반대 방향으로 일곱 번을 돈다. 이 절차가 끝나면 그 옆에 있는 잠잠이라는 우물로 간다. 거기서 물을 떠 마시고 나면 메카에서 동쪽으로 20km 정도 떨어진 아라파트 평원에 있는 '자비의 산'에 올라 알라 앞에 선다. 무함마드가 마지막으로 설교를 한 곳이라고 전해지며 해질 때까지 서 있다가 내려와 동물을 잡아 제사를 지낸다. 제사를 마치면 다시 카바 성전으로 와서 검은 돌을 돌고 옷을 갈아입는 것으로 순례가 끝난다. 이 의식을 마쳐야 비로소 죄가 없어진다고 믿는다. 그리고 이름 앞에도 순례자라는 표시가 붙는다.

중요한 게 하나 있다. 이슬람에서는 죄가 없다고 해서 천국에 가는 것은 아니다. 무슬림들에게 당신은 천국에 갈 수 있느냐고 물으면 '인샤알라'라고 대답한다. '신의 뜻대로'라는 뜻이고 천국은 보장은 못한다는 얘기다. 이슬람에서 천국에 갈 수 있는 확실하고 유일한 방법은 알라를 위해 싸우다 죽는 경우다. 이를 지하드(성스러운 전쟁)라고 한다. 교파에 따라서는 지하드를 여섯 번째 기둥이라고 부르기도 한다. 이슬람과

정확히 말하면 메카는 성지를 일컫는 것이 아니라 그냥 도시 이름이다. 사우디 정부가 통일한 아랍어 정식 명칭은 마카다. 이 도시 안에 성지가 있는 것으로 마스지드 알 하람이라는 모스크 안의 검은색 큐브 모양 '카바'가 성지다. 카바 신전은 외벽을 기준으로 12 × 10m 에 높이는 15m 정도다. 안에는 운석으로 추정되는 검은 돌이 있다. 천사 지브릴이 아브라함과 이스마엘에게 준 것이라고 한다.

그리스도교를 믿는 서방과의 전쟁을 다룬 영화를 보면 시커먼 포대기를 뒤집어쓴 무슬림 어머니가 열 살도 채 안 된 아이에게 폭탄을 들려 적군에게 돌진시키는 장면이 등장한다. 피도 눈물도 없는 어머니라고 욕해서는 안 된다. 그것은 우리의 기준이다. 무슬림 어머니는 아이가 천국에 갈 수 있는 가장 확실한 방법을 택한 것이다. 지옥의 구별은 재미있다. 이슬람에 따르면 그리스도 교인들은 여섯 번째 지옥에 간다. 유대인들은 다섯 번째, 무신론자들은 일곱 번째 지옥의 주인이다.

6.
무함마드 사후의 후계자 구도로 종파가 갈리다

무함마드의 사망은 632년이다. 그는 죽음을 앞두고 추종자 10만 명과 함께 메카로 순례를 떠난다. 아라파트 평원에서 고별 연설을 했는데 내용은 살인과 복수 금지, 이자 금지, 형제애, 부부 간 권리, 노예의 처우와 해방문제 유산상속 등 사방으로 다양하다. 무함마드는 마지막으로 재산을 다 처분해 가난한 사람들에게 나눠주고 임종을 맞는다. 무함마드가 죽었다는 소식에 2대 칼리파가 될 우마르가 "우리의 예언자는 죽지 않았다. 그는 다시 재림하여 우리 곁에 돌아올 것이다"라고 외쳤다. 또 하나의 재림 신앙이 생길 찰나에 초대 칼리파가 될 아부 바크르가 무함마드의 신격화를 차단해 버린다. "그는 살아 돌아오지 않을 것이며 우리들처럼 그의 몸도 흙이 되어 사라질 것이다." 우마르, 좀 많이 민망했겠다. 그렇게 무함마드는 인간으로서의 삶을 '공식적'으로 마친다. 출생의 신비도 없고 신의 말을 받아 읽은 것 말고는 아무런 기적도 일으킨 적이 없으며 특별히 초인적인 능력을 발휘한 적도 없는 평범한 인간의 마지막이었다. 종교의 창시자 측면에서 이슬람은 매우 독특하다.

무함마드는 후계자를 정해놓지 않고 죽었다. 급사急死나 전사戰死도 아닌데 왜 후계자를 지정하지 않았을까. 아마도 인시 알라(신의 뜻대로)를 실천한 것이 아닌가 싶은데 현실은 생각보다 훨씬 복잡하게 진행된다. 혈통과 능력을 각각의 기준으로 내세우며 무슬림이 반으로 쪼개진 것이다(양적으로 반은 아니다). 부족중심인 아랍인들의 정서로 봐서는 혈통이 후계자가 되어야 한다. 그러나 눈앞에 권력이 있는데 이를 포기할 사람은 없다. 특히 무함마드의 측근으로 현실 권력을 만지작거렸던 사람들의 입장에서는 더더욱 그랬을 것이다. 혈통은 알리였다. 그는 무함마드의 사촌이었고 무함마드의 딸인 파티마의 남편이었다. 능력은 동지이자 장인인 아부 바크르였다. 그를 지지하는 사람들은 쿠란을 잘 알고 신을 경외하며 국가 경영의 능력만 있다면 꼭 혈통이 아니어도 좋다는 주장을 펼쳤다. 첨예한 논쟁이 벌어졌고 분열은 깊어진다. 이 과정을 통해 아부 바크르의 지지자와 알리의 지지자는 각자의 정체성을 만들어간다(수니파와 시아파로 나뉘어 반목하는 기점이 이때부터다). 1대 칼리파의 자리는 아부 바크르에게 돌아갔다. 나이와 연륜을 중시하는 아랍의 또 다른 경향 때문이라는 설도 있는데 이것만으로는 설명이 충분치 못하다. 만약 혈통에 따라 알리가 칼리파가 되는 전통이 생긴다면 다른 부족 지도자들은 권력을 잡을 기회 자체를 봉쇄당하게 된다. 해서 언젠가는 나 혹은 내 자식이 칼리파가 될 수도 있는 능력제를 지지한 것으로 보는 것이 맞겠다. 혈통주의자들의 반격이 시작된다. 포문을 연 것은 무함마드의 딸 파티마다. 파티마는 메디나 북부에 위치한 파다크 오아시스를 자신의 소유라고 주장한다. 아버지가 정복한 땅이니 당연히 소유권도 자기 것이라는 얘기였다. 아부 바크르는 예언자가 사유재산을 남기지 않았다며 파티마의 주장을 일축한다. 실은 땅 문제가 아니었다. 파티마의 속셈은 땅에 대한 소유권을 친족이 물려받을 수 있다면 그다음 논리는 소유권뿐만 아니라 다른 권리도 친족에게 승계되어야 한다는 주장을 펴서 계승권을 되찾아 오려는 것이었다. 이 빤히 보이는 수를 아부 바크르가 읽지 못했을 리가 없다. 뜻을 이루지 못한 파티마는 노골적으로 칼리파와 그 주변 세력을 비난한다. 진정한 이슬람으로 돌아가려면 현재의 칼리파가 자신의 잘못을 뉘우치고 남편인 알리를 다음 후계자로 지명해야 한다고 목청을 높였다. 혈통 파벌과 능력 파벌의 사이는 갈수록 멀어지고 있었다. 634년 아부 바크르가 세상을 떠난다. 27개월의 짧은 치세였다.

아부 바크르의 후계자는 알리가 아니라 우마르였다. 메카 태생의 우마르는 사나운 인상에 체격이 건장했고 자존심이 강하며 다혈질이었다. 한편으로 말솜씨가 뛰어났고 글을 알았기 때문에 부족들 간의 갈등을 중재하는 등 나름 리더십이 있었던 인물이다. 무함마드가 이슬람 포교를 시작했을 때 우마르는 그의 사상이 부족들을 분열시킨다고 생각했고 이를 경계해 박해에 앞장선다. 무함마드의 추종자들을 혐오했고 포로로 잡으면 잔혹하게 죽이기까지 했는데 어느 날인가 보니 그의 여동생과 매제까지 이슬람으로 개종을 했다. 둘 다 죽이리라 마음먹었지만 그의 매질에도 불구하고 여동생과 매제가 너무나도 편안한 표정을 짓는 것에 당황했고 대체 무슨 얘기인지 알아나 보자 하는 심정으로 쿠란을 펼쳐들었다가 눈물을 흘리며 회개했다. 이후 무함마드의 충실한 부하이자 동료가 되었고 누구보다도 앞장서 이슬람을 포교했다. 10년의 재임 기간 중 우마르는 사산 왕조 페르시아를 멸망시켰고 영토를 레반트(팔레스타인과 시리아, 요르단, 레바논 등의 지역)와 이집트까지 넓혔다. 아라비아 반도의 구석에서 일어난 신흥종교집단이 세계 제국으로서의 가능성을 열어젖힌 것이다. 그는 정복한 땅을 자기들끼리 분배하는 대신 국가 소유로 돌려놓았다(파티마의 파다크 오아시스 사건을 떠올려보시라). 부족민들은 군복무의 대가로 급료를 받았다. 3대 칼리파였던 우스만이 완성한 쿠란의 정리도 우마르 때 시작한 것이다. 무함마드 사후 아라비아 반도 각지에서 쿠란을 자칭하는 문서들이 나돌았고 우마르는 이런 자료들을 수집해 믿을만한 학자들과 이를 점검하기 시작했는데 이러한 관행은 훗날 이슬람 사회의 주요 학자 집단인 '울라마' 창설의 기반이 된다. 한 국가의 성장은 정복만으로 이루어지지 않는다. 정복과 정비가 같이 가야 수명이 늘어난다. 우마르는 바로 그런 일을 한 인물이다.

메카는 더 이상 이슬람 왕국의 중심지가 되기 어려웠다. 왕국의 사이즈가 너무 커진 것이다. 게다가 재정적인 수입이 가장 많이 발생하는 곳은 전부 아라비아 외부인 이라크, 시리아, 이집트였다. 이는 왕조에 확실한 적신호다. 물적 기반이 탄탄한 곳에서는 야심을 품은 자들이 등장하기 때문이다. 실제로 시리아에서는 오리지널 왕조를 위협하는 가장 강력한 경쟁자가 등장한다. 자질이 부족한 리더는 이 위협을 앞당기는 요인이 된다. 보통 기업이나 가문은 4대째가 가장 큰 위기다. 설립자나 창건자의 소명의식과 근면, 성실함이 대를 내려오는 동안 조금씩 희박해진 끝에 4대째는 자신의 지위를 노력의 대가가 아닌 당연하게 주어진 것으로 여기기 때문이다. 이 이슬람 왕국의 4대째 주인인 우스만이 딱 그랬다(칼리파로 치면 3대지만 설립자인 무함마드까지 치면 네 번째 지도자). 그는 막

대한 부를 소유한 상인 출신이었다. 뛰어난 전사도 아니었고 검소한 것과도 거리가 멀었다. 우스만의 유일한 자격은 그가 무함마드와 사돈 지간이라는 사실이었다. 등극하자마자 그는 권력을 사유화하기 시작한다. 우스만은 전임자였던 우마르가 임명했던 속주 총독들을 모조리 해임했다. 그리고 자신의 가문 사람들을 그 자리에 심었다. 물론 이해는 한다. 중앙정부의 권력을 강화하려면 그 수밖에 없기는 하다. 그러나 그것도 상황을 봐가며 설득과 타협을 통해 해야하는 일인데 우스만에게는 그런 머리와 인내심이 없었다. 각지에서 불만에 찬 목소리가 터져 나왔고 그 선봉에 선 게 이집트였다. 우스만이 세운 총독이 무리하게 세금을 거둔 것이 발화점이었다. 이집트 대표단은 우스만을 면담하고 자신들의 요구를 관철시킨다. 그러나 우스만은 말과 행동을 일치시키는 일에 별 관심이 없는 인물이었다. 이집트 대표단은 우연히 우스만이 이집트 총독에게 보낸 편지를 입수한다. 거기에는 대표단이 도착하는 즉시 그들을 모조리 죽이라고 적혀있었다. 분노한 이집트 대표단은 반란군으로 옷을 갈아입는다. 다급해진 우스만은 이들을 달랠 중재자로 알리를 선택한다. 무함마드의 사촌이자 사위인 그 알리다. 그러나 알리는 최선을 다하지 않았고(당연한 일 아닌가) 우스만은 결국 반란군에게 잡혀죽고 만다. 드디어 알리가 칼리파 자리에 오른다. 무함마드 사후 24년만의 일이다.

  알리는 뛰어난 전사^{戰士}였다. 그는 메카와의 싸움에서 선봉을 양보한 적이 없었고 특히 칼을 휘둘러 한 번에 적의 허리를 절단 내는 신공으로 유명했다. 담대하고 겁이 없어 무함마드와 추종자들이 메카를 빠져나갈 때도 맨 마지막으로 탈출한 게 알리다. 그러나 전형적인 무장^{武將}이었고 적을 벨 때의 순발력은 정치에서는 전혀 발휘되지 못했다. 알리가 칼리파에 오르자 우스만의 친척이자 시리아와 다마스쿠스의 총독이었던 무아위야가 노골적으로 반기를 든다. 무아위야는 알리를 칼리파로 인정하지 않았고 이는 그냥 넘어갈 사안이 아니었다. 알리가 무아위야를 공격하기 직전 아이샤가 제동을 건다. 그게 중요한 게 아니라 우스만을 살해한 범인을 잡는 것이 먼저라는 논리였다. 알리가 이를 거부하자 아이샤는 병력을 모아 알리와 맞선다. 이렇게 656년 무함마드 사후 첫 내전이 벌어진다. 아이샤는 직접 낙타를 타고 전투를 이끌었지만 무력으로는 알리를 이길 수 없었다. 반란세력은 모조리 처형되고 아이샤는 선지자의 아내라는 지위를 감안해 연금조치로 마무리된다. 657년에는 두 번째이자 본격적인 내전이 벌어진다. 알리와 무아위야가 시리아에서 격돌한 것이다. 전투는 치열했다. 양쪽에서 수천 명이 죽어나가는 가운데 승리의 저울추는 알리 쪽으로 기울고 있었다. 이때 알리는 참으로 어이없는 결정을 내린다. 승리가 눈앞에 있는데 무아위야와 협상에 들어간 것이다. 원래 이슬람은 무슬림 간의 살인을 금지한다. 그러나 그건 평화 시에나 그렇고 지금은 내전 기간이다. 적을 섬멸할 수 있는 기회를 놓친 알리 쪽 병사들은 맥이 빠졌고 죽는 줄만 알았던 무아위야의 군사들은 기세가 올랐다. 뭔가 자신이 없으니 협상을 시도한다고 생각한 것이다. 협상이 제대로 끝난 것도 아니다. 협상으로 뭔가를 얻으려 했다면 무아위야에게 충성의 맹세를 받는 것이 정상이다. 그런데 그런 절차도 없었다.

　이 일로 알리는 정치적 영향력을 상실하고 반대로 무아위야의 위신은 상승곡선을 그린다. 일개 총독이 칼리파와 전쟁을 하고 대등하게 협상을 했으니 당연한 결과다. 658년 무아위야는 다마스쿠스에서 스스로 칼리파를 선언한다. 우마이야 왕조의 출발이다. 알리 쪽에서는 그의 우유부단, 결정 장애를 이유로 이탈자가 생겼고 이 중 극단적인 세력이 알리를 암살한다. 협상은 인간의 것이고 칼리파의 자리는 신이 정하는 것인데 멋대로 인간의 의지로 칼리파 자리를 논했으니 신의 의지에 어긋난다는 것이 이유였다.

  알리가 죽자 추종자들은 그의 아들인 하산을 칼리파로 추대한다. 그 사이에 무아위야는 더욱 세력을 넓혀 이집트와 아라비아반도를 수중에 넣었고 하산의 왕국은 이라크 일부로 줄어든다. 분점이 본점을 압도한 꼴이다. 남은 것은 세가 바뀐 분점이 본점을 접수하는 일 뿐이다. 무아위야는 하산에게 칼리파 자리를 요구했고 무력에서 일방적으로 열세였던 하산은 결국 칼리파 자리를 내주게 된다. 무아위야는 단독 칼리파의 자리에 오르고 하산과 그를 따르는 무리들은 소수파로 전락한다. 이들을 알리를 따르는 사람들이라는 뜻의 '시아트 알리'라고 부르는데 현재 시아파의 기원이 된다. 그리고 예언자의 혈통이 아니라 능력에 따라 후계자 계승이 이어져야 한다고 주장하는 다수파는 수니파가 된다. 이때까지만 해도 그저 정체성과 입장의 차이였던 두 파가 이를 갈며 갈라선 게 카르발라 학살 사건이다. 무아위야가 죽은 후 그의 아들 야지드 1세가 칼리파를 승계한다. '혈통'도 아니고 '능력'도 아닌 '가족'이라는 이유만으로 칼리파가 된 것이다. 최초의 이슬람 왕조인 우마이야 왕조 탄생이다.
  무아위야에게 칼리파 자리를 내준 하산에 이어 시아파의 리더가 된 사람은 그의 동생 후세인 이븐 알리였다(아랍어에서 이븐, 빈은 아들이라는

아랍어 본명은 일종의 족보다. 오른쪽은 카타르의 왕비였던 '셰이카 모자 빈트 나세르 빈 압둘라 알-미스네드'인데 앞에서부터 셰이카는 아랍에서 여성 지도자를 높여 부르는 표현이며 남성 지도자는 셰이크. 모자는 본인 이름이다. 빈트는 아랍어로 딸, 나세르는 아버지의 이름이다. 따라서 '모자 빈트 나세르'는 '나세르의 딸 모자'라는 의미다. 같은 원리로 압둘라는 나세르의 아버지가 되며 마지막인 알-미스네드는 가문의 이름인 성姓이다. 알미스네드 가문의, 압둘라의 아들인 나세르의 딸, 모자라는 긴 이름이 본명이다. 왼쪽은 '미스터 에브리씽'이라는 별명의 '무함마드 빈 살만 빈 압둘아지즈 알사우드'다. 풀면 '사우드 가문의 압둘아지즈의 아들 살만의 아들인 무함마드'다. 테러리스트 오사마 빈 라덴을 우리나라에서는 빈 라덴으로 표기하기도 했는데 정확하지 않은 호칭이다

뜻. 그러니까 알리의 아들 후세인이라는 의미다. 딸은 '빈트'라고 한다). 후세인은 야지드 1세를 칼리파로 인정하지 않았다. 후세인은 야지드와의 내전을 위해 자신의 지지자들을 메카로 불러 모았다. 가장 열정적으로 동의를 해 온 것은 시아파의 본거지인 쿠파의 지지자들이었다. 쿠파는 아버지인 알리가 세운 도시다. 후세인은 쿠파의 지지자들을 만나기 위해 70명 남짓한 인원으로 위험한 길을 떠난다. 야지드는 쿠파가 반란에 합세할 것이라는 소식을 듣고 재빨리 군대를 파견해 쿠파를 접수한다. 그리고 후세인이 오는 길목에 병사 4,000명을 배치한다. 카르발라에서 맞닥뜨린 두 세력은(70명을 세력이라고 하기는 좀 그렇지만) 협상을 벌이지만 이내 전투로 이어진다. 사실 전투도 아니었다. 후세인 세력은 참혹하게 도륙당했고 여자와 아이들은 포로가 되었다. 후세인의 머리는 다마스쿠스에

있는 야지드에게 보내졌고 그의 여동생 자이납은 얼굴을 내놓고 포로 신분으로 거리를 끌려다녔다. 이 사건으로 시아파는 견고하게 결속되었고 고립되었으며 폐쇄적으로 일치단결한다.

수니파와 시아파는 얼마나 다른가

이슬람에서 수니파는 85% 정도이고 시아파가 나머지를 차지한다(1% 내외의 파도 몇 개 있다). 이중 시아파가 확실하게 더 많은 국가가 이란과 이라크다. 이란은 80% 이상, 이라크는 60% 이상이다. 레바논에서 시아파가 절반 정도를 차지한다. 특이한 건 시리아인데 시아파 국가임에도 불구하고 시아파는 10% 남짓이다. 이슬람의 신앙고백을 '샤하다'라고 한다. 예배를 시작하면서 '알라 이외에는 신이 없고 무함마드는 신의 사자이다'라는 경구를 반복하는 것인데 시아파에서는 '알리는 신의 사랑을 받은 자이며 신자들의 사령관이고 신의 친구'라는 한 줄이 더 추가된다. 그들은 알리 이전의 세 명에 대해 합법성을 인정하지 않는다. 수니파는 예언자 무함마드가 원래 무지한 사람이었으며 다만 신의 계시를 전달하는 임무만을 부여받은 보통 인간이라고 주장한다. 반대로 시아파는 예언자가 높은 학식을 소유한 완전무결한 존재였다고 반박한다. 그리고 무함마드의 혈통에 대해서도 마찬가지로 신의 속성이 그대로 이어지고 있다고 주장한다.

수니파는 공동체 지도자를 칼리파라고 부르고 시아파는 '이맘'이라고 한다. 이맘은 지도자, 인도자, 안내자라는 뜻으로 학자, 원로, 예배 인도자 등을 가리킬 때 주로 쓰이지만 종교적으로는 훨씬 비중이 높은 호칭이다. 시아파에서 이맘은 전 세계 무슬림 공동체를 이끄는(혹은 앞으로 이끌) 지도자를 가리킨다. 무아위야에게 정치적으로 패배한 알리는 1대 이맘이고 그의 첫째 아들 하산은 2번째 이맘, 둘째 아들이자 학살당한 후세인은 3번째 이맘이 된다. 4번째부터 12번째 이맘까지 모두 후세인의 직계 후손이며 12번째 이맘은 874년 5살 때 사라졌고 나중에 재림한다고 한다. 문제는 이 12번째 이맘이 재림한 장소가 사우디의 메카라는 것이다. 수니파 국가 사우디가 시아파 국가 이란과 결코 같이 갈 수 없는 이유이기도 하다. 시아파에서는 무함마드, 딸인 파티마에 12명의 이맘을 합쳐 모두 14명이 죄를 짓지 않는 순결한 존재라고 믿는다. 일상에서도 둘의 차이는 확연하다.

시아파는 여성에 대한 남성의 이혼할 권리를 제한적으로 운영한다. 원래 이슬람은 이혼이 편한 종교다. 남자에게 그렇다는 얘기다. 남자에게는 일방적으로 이혼할 권리가 있다. '탈라크'라고 하는데 '나는 당신과 살기 싫다'고 세 번만 통보하면 이혼이 자동으로 성립한다. 탈락과 발음이 비슷해 기억하기도 좋다. 몇 가지 전제 조건은 있다. 술에 취했거나 정신이 혼미한 상태에서 한 것은 무효다. 반드시 앞에 앉혀 놓고 눈을 똑바로 보면서 말해야 한다. 이런 식의 이혼이 얼마나 흔한지는 여성의 지위에 대한 다양한 명칭으로 알 수 있다. 한번 이혼한 여자, 두 번 이혼한 여자, 세 번 이혼한 여자에 대한 용어가 다 따로 있다. 정확히는 이혼한 여자가 아니라 '이혼당한 여자'겠다. 네 번째 이혼은 금지다. 새로 여자를 들일 때도 조건은 있다. 두 번째 아내를 들일 때는 첫 번째 아내가 동의를 해줘야 한다. 이슬람 결혼의 한계인 네 번째의 아내를 맞고 싶을 때는 첫째, 둘째, 셋째 아내 모두의 동의가 필요하다. 그러나 하나마한 소리다. 반대하면 바로 이혼 통보가 날아오는데 무슨 강심장으로 남편이 새 아내를 들이는 것을 막는다는 말인가.

시아파는 일시적 결혼 상태인 '무트하'를 인정한다. 수니파는 이를 죄악으로 간주한다. 일시적 결혼이라는 게 대체 뭘까. 매춘이나 간통 상황을 극복하기 위한, 남성들을 위한 자구책이다. 계약서에 혼인 기간과 보상액을 약속하면 계약결혼 관계가 성립한다. 하루여도 상관없는데 재미있다고 해야 할지 어이없다고 해야 할지 모르겠다. '미스야'라는 제도는 더 황당하다. 법적인 결혼을 하되 여성에게 생활비를 주지 않고 원할 때만 여성을 방문해 성적 욕구를 채우는 것이다. 아무리 이런저런 핑계를 늘어놓아도 무슬림 여성의 사회적 지위는 최악이다. 한 가지 예만 들어도 설명이 충분한데 무슬림은 하루 다섯 번 메카 방향으로 기도를 한다. 그런데 그 앞으로 당나귀, 개 그리고 여성이 지나가면 그 기도는 무효다. 당나귀, 개와 여성의 지위가 같은 것이 무슬림 여성의 삶이다.

'타키야' 관행에서도 수니와 시아는 갈린다. 타키야란 쉽게 말해 거짓말을 할 권리다. 이슬람은 정치적, 종교적 적대 세력의 탄압을 피하기 위해 그리고 선교를 위해 필요할 때 자신의 믿음과 교리를 숨길 수 있다. 시아파가 수니파의 탄압을 위해 고안한 거라는데 실은 포교 활동에 있어 불리한 점을 노출시키기 싫을 때 악용된다. 교리를 왜곡하고 숨길 수 있으며 이는 쿠란에 기록된 내용이라도 상관없이 멋대로 포장한다. 수니파는 반대하는 쪽이다.

두 종파는 예배 의식에서도 차이가 있다. 수니파는 하루 다섯 번 예배가 필수지만 시아파는 이를 편집해서 세 번으로 나누어 볼 수 있도록 허용한다. 새벽과 일출 사이, 정오와 일몰 사이 그리고 일몰과 한밤중이다. 예배 방식도 다르다. 수니파는 예배를 볼 때 두 팔을 앞으로 포갠다. 시아파는 포개지 않고 밑으로 내려뜨린다.

7.
정복 왕조, 우마이야 제국

시아파 이슬람의 입장에서 보면 우마이야 왕조는 분명 찬탈자였다. 찬탈자의 명분은 '우리는 더 잘할 수 있다'고 따라서 정복전쟁은 필수가 된다. 그에 걸맞게 우마이야 왕조의 전투력은 막강했다. 기세 좋게 뻗어나가던 이들과 동로마 제국의 충돌은 피할 수 없는 것이었다. 사실 무아위야는 처음부터 비잔틴 제국을 노리고 있었다. 첫 번째 접전은 674년이었다. 그러나 첫 번째 공격은 실패로 돌아간다. 콘스탄티노플을 포위하기는 했지만 유목민들은 전통적으로 공성전에 약한 사람들이다. 게다가 콘스탄티노플 서쪽의 테오도시우스 성벽은 동로마 천 년을 가능하게 해 준 일등공신이 아닌가. 이슬람 세력은 포위를 풀고 돌아올 수밖에 없었다. 717년 이슬람은 다시 정복의 깃발을 쳐든다. 674년의 공성전에서 쓴맛을 봤던 터라 이번에는 해전을 택했다. 지중해와 흑해 양방향의 바닷길을 막아 보급로를 끊은 후 이슬람 함대는 콘스탄티노플로 진격했다. 동로마 황제 레오 3세는 이슬람의 공격을 예상하고 있었다. 그만큼 준비도 철저했고 그 방어무기 중 가장 뛰어난 실력을 발휘한 게 '그리스의 불'이라는 이름이 붙은 화약이다. 이 신무기는 유황에 수지를 섞어 만든 것이었는데 폭발하면 물로는 그 불을 끌 수가 없었다. 이 신무기가 이슬람 함대에 쏟아졌다. 이슬람 함대는 눈물을 머금고 철수할 수밖에 없었다. 이듬해 봄, 이슬람은 세 번째 공격을 개시한다. 이번에는 콘스탄티노플의 남쪽에 상륙한 것이다. 그러나 동로마 제국의 군대에는 이제 막 떠오르기 시작한 불가리아의 무서운 병사들이 합류한 상태였고 전투는 이슬람의 패배로 끝난다. 무아위야는 야망을 접을 수밖에 없었다. 이슬람 제국은 결국 콘스탄티노플을 점령하고 그 이름을 이스탄불로 바꾼다. 그러나 그것은 까마득하게 한참 뒤인 1453년의 일이다.

콘스탄티노플을 포기한 이슬람은 주공主攻을 서쪽으로 바꾼다. 북아프리카를 시원하게 질주한 이들은 대서양 연안까지 진출한다. 말 그대로 땅끝까지 달려갔고 다다른 바다 건너에는 또 다른 육지가 있었다. 유럽으로 이어지는 이베리아 반도다. 우마이야 왕조의 장군 타리크는 거침없이 바다를 건넜다. 그가 상륙해 진을 친 언덕은 나중에 그의 이름을 따서 자발 알 타리크, 지금의 지브롤터가 된다. 이슬람의 공격 앞에 게르만인의 서고트 왕국은 허무하게 무너진다. 이때부터 이슬람 세력의 이베리아 반도 800년 지배가 시작된다. 이베리아 반도 정복으로 이슬람은 아시아, 아프리카, 유럽의 3개 대륙에 걸친 명실상부한 세계 제국이 된다. 알렉산드로스, 로마 제국에 이은 세 번째로 이런 정복은 역사에서 딱 한 번 더 일어난다.(가장 넓은 영토를 확보했던 몽골 제국은 아시아와 유럽을 정복했다). 이베리아 반도를 접수한 이슬람은 이제 피레네 산맥을 넘기로 결심한다. 산맥을 넘어가면 프랑크 왕국이고 이 왕국이 무너지면 서유럽 세계는 바로 끝장이 나는 상황이다. 나름 탄탄하게 성장하고 있던 프랑크 왕국이었지만 이슬람은 충분히 위협적이었다. 피레네 산맥의 서쪽을 통해 프랑크 왕국 영토 안으로 들어간 이슬람은 아키텐을 함락하고 곧장 프랑크 왕국의 심장부인 중부로 진격한다. 이를 막아선 게 프랑크 왕국의 재상, 카를 마르텔이다. 아브드 알 라만이 지휘하는 이슬람군과 카를 마르텔의 프랑크군은 푸아티에 인근 평원에서 대치를 시작한다. 전력戰力은 양쪽 모두 공평하게 3만 명 내외. 다른 점이 있다면 이슬람군이 기병 중심인 반면 프랑크군은 보병 중심이라는 차이였다. 보병이 불리한 것은 사실이지만 카를 마르텔군은 고지를 선점한 상태여서 누구도 승리를 장담할 수 없었다. 땡! 공이 울리고 양측의 군대가 격돌한다. 예상대로 고지를 차지하고 있던 프랑크군 보병은 기병을 잘 막아냈고 이슬람 기병은 팔랑크스로 견고하게 짜인 프랑크군의 전열을 뚫지 못한다. 이슬람군은 아랍인, 페르시아인, 안달루시아의 스페인 군병 등으로 이루어진 혼합군이었다. 퇴각이 매끄럽지 못했다. 사상자는 1만여 명에 달했고 과정에서 사령관 아바드 알 라만까지 전사한다. 732년의 투르-푸아티에 전투다.

역사책에는 이 전투 한 번으로 이슬람이 다시는 유럽을 넘보지 못하는 것으로 기록하고 있으나 사실은 좀 달라서 이후에도 이슬람의 도발은 계속된다. 프랑스 남부는 이슬람에게 여러 차례 농락당했고 그때마다 카를 마르텔은 급하게 출동해야 했다. 사실을 무시하고 전투 하나에 전공戰功을 몰아준 것은 그것이 훨씬 더 드라마틱하기 때문이다. 한편 이슬람군의 패배 원인 중의 하나는 그들이 그다지 결사적이지 않았다는 사실이다. 지키려고 하는 쪽은 사생결단이지만 공격하는 쪽은 이번에

안 되면 다음에 하지라는 식으로 한 번의 전투에 모든 것을 걸지 않는다. 카를 마르텔은 이 전투로 프랑크 왕국에서 누구도 건드릴 수 없는 지위에 올랐고 이는 나중에 그의 아들 피핀이 쿠데타로 메로빙거 왕조를 무너뜨리고 카롤링거 왕조를 창시하는 기반이 된다.

유럽으로의 진출은 막혔지만 이슬람의 이베리아 반도와 북아프리카 지배는 더욱 공고해진다. 북아프리카 원주민인 베르베르인과의 사이에서 혼혈인 무어인이 생기면서 이 지역은 종교와 혈통이 통합된다. 사막에 살던 아랍인들이 사하라 사막이라고 해서 머뭇거릴 이유가 없다. 7세기부터는 사하라 남쪽의 아프리카에도 이슬람이 손을 뻗친다. 가나 왕국이 생겨났고 지금의 수단 지역에는 말리 제국이라는 제법 큰 이슬람 국가가 들어선다. 동쪽으로 진출한 이슬람 세력도 뚜렷한 성과를 낸다. 중앙아시아를 이슬람이라는 종교로 물들였으며 그중 가장 큰 효과를 본 곳이 아프가니스탄이다. 아프간족은 이후 남하하여 북인도에 여러 왕조를 세우는 등 기세를 떨치게 된다. 당나라 제국과 이슬람이 맞붙은 탈라스 전투가 이즈음이다(이때는 왕조가 바뀌어 아바스 왕조). 751년 이슬람과 당제국은 한바탕 자웅을 겨뤘고 고구려 유민인 고선지가 이끄는 당군은 이슬람에게 패해 중국은 자존심을 구긴다. 탈라스 전투는 이슬람에게 실크로드를 선물로 안겨주었다. 마냥 좋기만 한 것은 아니었다. 어느 왕조나 그렇지만 우마이야 왕조는 내부 갈등으로 조금씩 곪아가는 중이었다. 종교의 문제이기도 했고 우마이야 왕조의 정치 스타일의 문제이기도 했던 이 내분은 결국 우마이야 왕조가 문을 닫는 것으로 마무리된다.

낙타 이야기

아랍과 이슬람을 설명하기 위한 중요한 키워드가 낙타다. 흔히 사막의 배라고 말하는 낙타는 소목 낙타과 낙타 속에 속한 동물로 주로 사막에 서식한다. 길들여진 시기는 말보다 늦은 편이다. 더위를 견디지 못하는 말과 달리 낙타는 높은 지구력과 더위에 강하다는 장점이 있다. 등에 난 혹의 개수에 따라 단봉낙타와 쌍봉낙타로 나뉜다(전 세계 낙타의 90%는 단봉낙타). 중앙아시아의 고비 사막에서 사육되던 낙타는 쌍봉낙타다. 500kg의 짐을 지고 하루 45km를 이동할 수 있다. 주로 수송용이다. 아라비아 사막의 낙타는 단봉낙타다. 아라비아의 단봉낙타는 세 가지 이유로 선택받은 동물이다(인간이 선택했다는 것이 그 종에게는 불행일 수도 있겠지만). 첫 번째는 의식주에서의 유용함이다. 낙타는 엄청난 양의 고기를 인간에게 제공한다. 두 살짜리 낙타를 잡으면 대략 250kg의 고기가 나온다. 한 가족에게는 서너 달 치 식량이 되는 셈인데 이를 잘 활용하려면 다양한 가공법이 따라줘야 한다. 훈제를 하거나 소금에 절이는 등 대략 50가지 정도의 가공법이 있다고 한다. 암낙타 한 마리에서 하루에 6리터에 가까운 젖을 얻을 수 있다. 한꺼번에 다 마실 수 없으니까 발효시켜 떠먹는 형태의 요거트로 만든다. 이 요구르트를 한 번 더 발효시키면 우리가 아는 진득한 액체의 요구르트가 된다. 이때는 요구르트가 아니라 '라반'이라고 한다. 요구르트를 만들고 남은 것은 버터와 치즈로 변환된다. 당을 추출해서 말리면 전지분이 된다. 발효시켜 술로 만들기도 한다. 도수는 6도 내외다. 이슬람은 술을 안 마신다고 알려져 있는데 절반만 사실이다. 술을 이슬람에게 종교적 금기이지 문화적 금기가 아니다. 이슬람이 전파되기 전 아랍인들은 미친 듯이 술을 마셔댄 것으로 유명하다. 낙타 똥은 주요한, 아니 거의 유일한 연료다. 소변으로는 머리를 감았다. 소변 양이 많지 않아 여러 번에 걸쳐 모은 뒤 머리 감는 날을 정해놓고 일가족이 위계순으로 머리를 감았다(당연히 요즘은 아니다).

둘째는 이동과 수송능력이다. 쌍봉낙타와 마찬가지로 자기 몸무게의 두 배인 500kg을 지고 물 한 모금 안 마신 채 400km를 이동할 수 있다. 17일 동안 아무것도 안 먹을 수 있다고 하는데 인간에게 이보다 더 고맙고 기특한 동물이 또 있을까 싶다. 낙타는 초식성으로 어떤 식물이든 다 먹을 수 있다. 선인장도 먹는다. 위에다 넣어두고 열흘 넘게 녹여가면서 조금씩 되새김질을 한다. 사막 식물들이 가진 독성을 잘 알기 때문에 낙타가 기피하는 식물은 사람도 피하면 되니 일석이조였다.

마지막이 전쟁 수행 보조 기능이다. 사람을 태우는 것이야 기본이고 이동 속도가 빨라야 하는데 앞에서 말한 것처럼 짐을 가득 싣고도 시속 45km를 거뜬히 주파한다. 짐을 덜면 시속 60km까지 달린다. 말보다는 조금 느리지만 중요한 것은 지속적인 달리기 실력이다. 한 시간 내내 40km를 유지할 수 있고 다음 날에도 똑같은 속도로 달릴 수 있다. 참고로 말은 다음 날에는 그 속도로 못 뛴다. 동로마 제국과의 전투에서 어쩌면 가장 중요한 역할을 했던 게 낙타다. 갑옷 입고 투구 쓰고 방패 들고 수십 킬로나 몸에 달고 나오는 동로마 제국 병사들은 옷도 절반 밖에 안 입고 낙타를 타고 달려드는 이슬람 전사들에게 속수무책이었다. 단점은 수영을 못 한다는 것인데 사막에서 수영할 일이 얼마나 있을지는 모르겠다. 고통을 호소하는 말과 달리 멀쩡해 보이다가 덜컥 죽어버리는 것도 약점이기는 하다.

인간이 길들인 동물들의 특징 중 하나가 온순함이다. 그런 의미에서 낙타는 예외적인데 상당히 성격이 있는 동물이다. 주기적으로 화를 풀어줘야 하는데 일단 낙타의 스트레스가 일정 이상이 됐다 싶으면 낙타의 눈을 가리고 타던 사람의 겉옷을 앞에 벗어두면 이를 주인으로 착각해 화가 풀릴 때까지 밟아댄다고 한다. 옷이 걸레가 되고 낙타의 화가 다 풀리면 그때 다시 타고 간다.

8.
이슬람의 황금시대, 아바스 왕조

우마이야 왕조는 다수의 이민족 피지배자들 위에 군림한 소수 아랍인 지배였다. 이들은 이베리아 반도까지 점령해서 제국 사상 최대의 영토를 확보하는 기세를 떨쳤지만 내내 차별로 일관한 제국이다. 아랍인이자 무슬림이 아니면 결코 중요한 자리에 진출할 수 없었고 모든 부문에서 아랍과 비＊아랍의 구분은 분명했다. 초창기 무함마드가 승승장구하던 시절에는 인두세를 납부하는 조건으로 기존 종교와 전통을 용인했다. 착해서가 아니다. 1%도 안 되는 아랍 세력으로는 광대한 지역을 통치할 수 없었기 때문이다. 우마이야 왕조는 정복지의 토지세와 절기 세금 그리고 기타 잡다한 세금을 무자비하게 부과했다. 심지어 수확물의 절반이 세금이었다는 얘기도 있다. 반면 아랍인 지주들의 세금은 수확의 10분의 1이었다. 우마이야 왕조의 또 하나 치사한 점은 그런 이유로 개종을 반기지 않았다는 사실이다. 비＊아랍인 개종자를 '마왈리'라고 하는데 우마이야 왕조는 수입 감소를 이유로 개종 자체를 인정치 않았다. 이렇게 진행된 아랍인의 계층화는 필연적으로 이들의 반발을 불러오게 된다.

제국은 두 종류다. 일一민족 제국과 다多민족 제국이다. 단일민족 제국은 시야도 협소하고 수명도 짧다. 일본 제국, 독일 제 3제국(우리가 나치라고 부르는)이 대표적인 단일민족 제국이다. 민족주의 정신이 과다하게 충만한 가운데 이민족을 누르고 밟고 지배의 대상으로만 여겼다. 불필요한 지배비용이 들어가고 반발은 심해지고 결국 해체의 수순을 밟는다. 그런 면에서 그까짓 근대화 몇십 년 먼저 했다고 문화와 문명을 전해준 조선을 정복한 일본은 아주 질이 나쁜 경우다(물론 일본 열도를 찍어 내릴 것 같은 도끼 모양 한반도의 지정학적 위치와 조선을 통하지 않고는 중국 진출이 불가능하다는 이유도 있었지만). 일본은 만주에서 만주제국이라는 다민족 제국을 설계했다. 그러나 설계까지가 끝이었다. 역시 차별이 이어졌다. 다민족 제국인 페르시아나 몽골에서는 이민족이 높은 자리에 올랐다. 로마가 정복한 삼니움에서는 불과 30년 만에 로마 집정관이 나왔다. 제국은 아무나 하는 게 아니다. 우마이야 아랍 제국은 그런 면에서 수명이 예측된 제국이었다.

그렇다고 우마이야 아랍 제국이 내내 한심한 짓만 한 것은 아니다. 건축과 학문에서 그들은 초창기 아랍인들이 엄두도 내지 못했던 성과를 달성했다. 691년 예루살렘에 세워진 바위 돔 사원과 706년 건축된 아크사 모스크는 이슬람 문명이 한 차원 올라선 것을 상징적으로 보여준다. 원래 유목민에게는 공공건물이 필요 없다. 그냥 천막 치고 살다가 훌쩍 떠나면 그만인 것이 유목민의 생활이다. 무함마드가 메디나에 세운 기도장소도 초라하기 그지없는 수준이었다. 기둥은 야자수 줄기, 지붕은 야자수 잎, 설교를 하는 민바르(연단)는 베어낸 야자수 줄기를 활용

الله가 이렇게 바뀌었다. 글씨라기보다는 그림
에 가깝다

한, 정말이지 야자수 하나를 이리저리 다각도로 활용해 만든 모스크였
다. 심지어 무함마드는 신도의 재산을 가장 보람 없이 쓰는 것이 건축이
라고까지 말한 적도 있다. 너무 단순하다고? 나름 심오한 이유가 있다.
원래 이슬람에서는 신이 창조한 이 세계가 완벽하다고 생각한다. 그래
서 건축 같은 공간 예술이 발달할 이유가 없다. 인간이 할 일이라고는 그
저 신이 창조한 이 세계를 장식하는 것일 뿐이다. 그 장식 중 하나가 서
예다. 전 세계적으로 서예가라는 직업이 있는 나라는 한중일 동양 3국과
아랍권뿐이다. 우상 숭배를 하지 않기 때문에 아랍권에는 성화聖畫가 없
다. 대신 알라나 예언자들의 이름을 멋지게 쓰는 것으로 존경을 대치한
다. 아랍어로 알라를 الله, 요렇게 쓰는 데 이스탄불의 성 소피아 성당에
가보면 매달려 있는 거대한 장식물이 알라라는 단어를 기하학적 조화를
통해 표현한 것이다. 혹시 혼을 내주고 싶은 사람이 있다면 아랍권으로
여행을 같이 가자고 한 뒤 축구공에 몰래 이 글씨를 쓰고 아랍인들 앞
에서 슛을 날려보라고 하면 된다. 귀국할 때는 혼자 돌아올 수 있다.

8세기 중반 들어 반反우마이야 정서는 급속히 확산된다. 747년 최초의 무장 봉기 이후 2년 뒤 더 큰 규모의 봉기가 일어나는데 이때 구심점이 된 것이 무함마드의 숙부 아바스의 일족이다. 이들은 이슬람으로 개종한 페르시아인들을 끌어들여 이란 고원을 장악하고 749년 이라크 중부의 쿠파를 점령한 뒤 아바스 왕조를 세웠다. 이듬해 우마이야 왕조가 무너진다. 권력을 잡았지만 아바스 왕조의 힘은 아직 미약했다. 현실 정치를 만나면서 종교는 냉정해지거나 비열해진다. 이들은 혈통 상 자신들과 가까운 시아파를 탄압하는 정책을 통해 다수인 수니파에게 손을 내민다(이런 전통은 나중에 꾸준히 반복된다). 한편으로 아바스 왕조는 아랍인의 특권을 모조리 폐지했다. 면세 특권을 없앴고 연금 지급도 중단했다. 봉기 동지이기도 했던 페르시아인을 대거 등용하여 불만을 잠재웠다. 수니파와 화해하(는 척 하)고 마왈리(우마이야 왕조 초기 이슬람교로 개종한 비非아라비아계 주민들)를 끌어안으면서 아바스 왕조는 여러 민족을 평등하게 통합했다. 일一민족 아랍 제국이 다민족 이슬람 제국으로 확장된 것이다. 우마이야가 시리아를 거점으로 했다면 아바스 왕조는 이라크를 거점으로 삼았다. 제국의 수도는 바그다드. 옛 페르시아의 수도인 크테시폰의 궁정 자리에 건설된 이 도시의 공식 이름은 '메디나 앗살람'이었다. 평화의 도시라는 뜻이다. 원형 구조로 만들어져 '둥근 도시'라는 별칭을 가진 바그다드는 10만 명의 인력을 동원해 4년에 걸쳐 건설되었다. 도시를 방어하는 성벽은 3중이었는데 아마도 동로마 제국의 테오도시우스 성벽을 모방한 것이 아닌가 싶다. 직경 2.3km의 이 도시에는 칼리파의 거처와 모스크 그리고 여러 관청이 있었고 상주하는 병사들의 숫자만 4,000명이었다. 얼마 가지 않아 바그다드는 150만 명이 모이는 거대한 상업도시로 성장한다. 바그다드 전체의 모스크 숫자가 무려 6만 개나 되었는데 현재 터키의 모스크 숫자가 3천여 개인 것을 생각하면 도시의 규모를 짐작할 수 있다. 공중목욕탕인 '함맘'도 3만 개에 달했다.

　우리가 잘 아는 소설 아라비안나이트의 주 무대가 이곳 바그다드다. 아라비안나이트는 천일야화라고도 한다. 한자 병기를 안 하면 오해하기 쉬운데 1,000일이 아니라 1,001일이다. 즉, 千一夜話. 그러니까 천 날하고도 하루 동안의 이야기란 뜻이다. 옛 페르시아의 작품인 '천 가지 이야기'가 바탕인데 제목만 '천 하루 동안의 이야기'로 바꿨다. 이야기는 사산 왕조의 샤푸리 야르왕이 아내에게 배신당한 후 세상의 모든 여성을 미워하여 결혼할 때마다 다음 날 아침 신부를 죽여 버리는 것에서 시작한다. 한 대신에게 세헤라자데라는 영리한 딸이 있었는데 그녀는 자진해서 왕과 결혼을 한 다음 매일 밤 재미있는 이야기를 들려준다. 왕은 이야기를 계속 듣고 싶어 그녀를 죽이지 못했고 그게 무려 천 하룻밤이나 이어진다. 결국 왕은 미움을 버리고 세헤라자데와 행복한 여생을 보내게 된다는 일종의 해피엔딩. 이들은 세헤라자드의 기본 이야기 틀에 그리스-로마 신화를 밀어 넣었고 그리스의 이솝 우화를 변용했으며 인도 설화를 덧붙였고 중국의 설화를 추가했다. 이야기의 중심 배경은 분명 바그다드인데 내용은 사방팔방으로 펼쳐지는 이유는 그 때문이다. 전 세계의 유머, 기담이 모인 것이 아라비안나이트다.

　정치, 사회사의 근간에는 반드시 경제적 이유가 있다. 정복 전쟁은 취미 생활이 아니다. 그것은 무역이라는 경제적 이익을 동인動人으로 진행

된다. 8세기 후반 아바스 왕조는 3개 대륙에 걸친 이슬람 제국과 유리시아를 묶는 거대한 무역 네트워크를 완성한다. 오늘 날의 이라크를 중심으로 동쪽으로는 서역 투르키스탄, 북쪽으로는 중앙아시아 스텝 지대, 서쪽으로는 이베리아 반도, 남쪽으로는 동남아시아와 동아프리카를 아우르는 세계 최초의 무역 네트워크다. 좀 더 자세히 살펴보면 바그다드에는 동서남북으로 네 개의 문이 있었는데 이곳에서 사방으로 뻗어나가는 간선도로가 시작된다. 나무줄기처럼 간선도로에서는 또다시 수많은 작은 도로들이 뻗어나갔고 이것이 제국의 상업망이자 통신망이었다. 로마의 도로처럼 이 도로에는 12km에서 20km 정도마다 역전이 만들어졌고 낙타와 말이 배치됐다. 이 도로를 통해 칼리파는 제국 전역에서 일어나는 일들을 거의 실시간 늦어도 이틀 안에는 알 수 있었다. 때문에 사람들은 칼리파가 신의 눈을 가지고 있다고 믿었다.

우마이야 왕조에서 아바스 왕조에 이르는 동안 지중해는 아랍인의 바다가 된다. 일찍이 페르시아의 바다였고 다음에는 그리스와 페니키아인들의 바다였으며 나중에는 로마의 바다였던 지중해에 이제 그리스도교들은 쪽배 하나 띄우지 못하는 상황이 된 것이다. 동지중해와 서지중해를 지배하기 위해서 반드시 필요한 거점이 되는 곳이 시칠리아다. 9세기 중반부터 200년 동안 시칠리아는 이슬람의 섬이었다. 시칠리아 토후국이라는 이슬람 국가가 세워졌고 팔레르모를 중심으로 화려한 문화를 꽃피웠다. 11세기 초 동로마 제국이 시칠리아 탈환을 노렸으나 정작 승자는 북방에서 내려온 노르만 족이었다. 노르만 족은 남부 이탈리아에서 패권을 놓고 다투던 동로마, 이슬람, 교황 세력을 격파한 뒤 이탈리아

남부와 시칠리아에 시칠리아 왕국을 세웠다. 노르만 인들은 나중에 교황 세력과 화해했고 덕분에 시칠리아의 종교는 가톨릭이 주류가 된다.

아바스 왕조의 전성기인 8~9세기를 보통 이슬람의 황금시대라고 부른다. 제국이 확장되고 재정이 풍요로워지면 그때부터 본격적으로 문화, 예술, 과학이 발달할 차례다. 당시 이슬람 제국의 칼리파들은 문화와 예술에 높은 안목을 가지고 있었다. 특히 아바스 왕조의 개방정책으로 피정복지의 원주민들이 신분과 인종의 차별 없이 등용되었고 이는 이슬람 문화를 이슬람을 넘어 세계적인 문화로 만드는 데 큰 역할을 한다. 아랍 문화의 꽃은 과학이었다. 지중해와 유럽이 정치, 사회와 군사 부문이 주로 발전한 것과는 사뭇 양상이 다르다. 의학과 물리학 그리고 천문학이 고르게 발달했고 특히 화학은 나중에 유럽에 전해져 유럽 과학의 어머니가 된다. 화학을 뜻하는 영어 케미스트리도 아랍어에서 나온 말이다. 영화 제목으로 유명한 매트릭스matrix의 기원도 아랍어이고 의학에서 쓰이는 빗장뼈(쇄골), 눈의 홍채iris, 뇌와 관련된 경막, 연막도 역시 아랍어다. 1, 2, 3,… 등의 숫자를 아라비아 숫자라고 부르는 것은 아랍인들이 이를 인도에서 수입해 갈고 닦아 퍼뜨렸기 때문이다. 대수, 삼각함수 등은 아랍의 독창적인 수학기술이다. 수학과 통하는 학문이 철학이다. 이슬람 학자들은 플라톤과 아리스토텔레스를 자신들의 연구 기반으로 삼았는데 아랍에서 그리스 고전이 연구되었다는 사실이 재미있다. 예술에서 아랍인들이 성취한 가장 큰 성과는 흔히 아라베스크라고 불리는 아라비아 스타일의 무늬다. 이슬람교 사원의 벽면장식이나 공예품 장식에서 흔히 볼 수 있으며 문자와 식물 등을 최대한 단순화시켜 교차된 곡선으로 새로운 느낌을 만들어내는 기법이다. 어러 가지 빛깔의 돌이나 유리, 타일 같은 것을 조각조각 붙여서 무늬나 회화를 만드는 기법인 모자이크 기법은 비잔틴 제국으로 흘러 들어가 비잔틴 예술의 대표가 된다. 중국 당나라로 넘어간 아라베스크가 당나라 비단의 절정이 된 것도 유명한 사례다.

9.
이슬람 도서관의 아리스토텔레스와 플라톤

　유럽을 침공했던 몽골군은 철수하면서 '죽이는 선물' 하나를 주고 갔다. 흑사병이다. 1346년 남러시아 카파 성城을 공격하던 몽골군은 전염병으로 죽은 시체를 투석기에 담아 도시 안에 던져 넣었다. 도시에 역병이 번지자 카파 성 안에 있던 제노바 상인들은 몇 척의 배에 나눠 타고 성을 빠져나온다. 시칠리아의 메세나 항구에 배가 들어왔을 때 이미 탑승자의 절반은 사망한 상태였고 사람들은 그 배들을 죽음의 배라고 불렀다. 그때만 해도 그 죽음이 얼마 후 자신들에게 찾아올 것이라고 생각한 사람은 아무도 없었다. 얼마 후 유럽 인구의 절반이 땅의 시민권을 반납하고 하늘나라로 가 버리신다. 말 그대로 죽이는 선물이었다. 흑사병의 기세는 쉽게 꺾이지 않았다. 십 년 단위로 네 차례나 더 극성을 부리고서야 발병을 멈춘다. 아니, 자제한 것이 아니었다. 죽을 사람은 다 죽고 면역력을 타고난 운 좋은 사람들이 살아남았을 뿐이다. 3년여 전세계의 풍속을 바꾸었던 코로나처럼 흑사병도 유럽 사회를 완전히 변화시켰다. 인구가 줄자 노동자의 임금이 상승했고 새로운 중산층이 등장했다. 신앙의 변화도 무쌍했다. 일부는 신에 대한 신뢰를 거둬들이고 냉소적으로 변했지만 대부분은 예전보다 더 결사적으로 신에게 매달렸디. 부자들은 고가^{高價}의 성화^{聖畵}와 성물을 주문해 교회에 기증했다. 안 부자이거나 덜 부자인 사람들도 집 안에 성화 한 폭 정도는 걸어둬야 안심이 되었다. 미술에 대한 이해가 높아졌고 미술시장은 폭발적으로 성장한다. 겨우 걸음마를 떼고 있던 르네상스가 흑사병을 겪으면서 문화, 예술 전반으로, 일부 상위 계층에서 전 계층으로 광폭 확대된 것이다. 세상 일이 온통 나쁘거나 죄다 좋을 수 없다는 고래^{古來}의 진리는 흑사병에도 유효했다.

그런데 잠깐! 르네상스는 기본적으로 중세에 대한 부정이다. 중세의 다른 말이 신^神이다. 그런데 르네상스 시대에 신에게 더 많이 의지하기 위해 성화와 성물의 제작이 확산되었다고? 고개가 갸우뚱해지지만 그게 다 이유가 있다. 르네상스 이전에는 '묻지 마 신앙'이었다. 르네상스 시대에는 이성을 통한 신앙이었다. 사람들이 이제 이성을 통해 신과 신앙을 해명하기 시작한 것이다. 단테의 '신곡'은 좋은 예다. '인간 나부랭이'가 감히 신이 관장하는 세계를 구경한다는 발상은 중세에는 있을 수 없는 일이었다. 신에 대한 인간의 시찰로 단테는 르네상스의 효시가 된다. 따지고 보면 르네상스라는 단어도 이상하다. 북부 이탈리아에서 시작해 알프스 산맥을 넘어간 게 르네상스인데 왜 명칭은 프랑스어일까. 답은 좀 허무하다. 후대의 프랑스 학자들이 그 시대를 그렇게 불렀기 때문이다. 출발을 북부 이탈리아라고 말하는 것도 실은 정확한 표현이 아니다. 제대로 말하자면 피렌체라고 콕 찍어서 말해야 한다. 율리우스 카이사르가 퇴역군인들을 위해 만들었던 도시가 메디치 가문을 만나면서 자기 이름처럼 르네상스를 꽃피웠다(아르노 강변에 만발한 꽃을 보고 카이사르는 이곳을 '꽃 피는 곳'이라고 불렀다). 르네상스 빅 쓰리 중 다 빈치와 미켈란젤로가 피렌체 출신인 것은 우연이었지만 라파엘로의 피렌체 합류는 필연이었다. 돈이 있으면 예술가가 몰린다. 돈 없는 곳에서 예술이 피어나는 일은 없었고, 없으며, 없을 것이다. 예술은 돈을 좋아한다. 그것도 아주 많이.

르네상스에 대한 그보다 근본적인 질문은 중세가 깨끗하게 지워버린 그리스-로마의 부활이 어떻게 가능했느냐이다. 이를테면 씨도 안 뿌렸는데 싹이 난 셈이다. 남자와 손도 안 잡았는데 애가 들어선 꼴이다. 답은 동방의 이교도들이었다. 610년 아라비아 반도에서 흥기한 이슬람은 현기증 나는 속도로 서진西進하며 영토를 넓혀갔다. 641년 알렉산드리아가 이슬람에게 함락된다. 도서관의 책들은 불길에 휩싸였지만 민간이 보유하고 있던 책들은 살아남았다. 전쟁은 군대만 움직이는 게 아니다. 기록을 위해 학자들이 따라간다. 이슬람 학자들은 알렉산드리아에서 그리스-로마의 방대한 문헌을 접했고 번역에 착수했다. 정복된 땅의 학자들이 정복자의 언어를 배워 자신들의 지식을 아랍어로 번역하기도 했다. 번역된 책들은 이슬람 제국의 수도인 바그다드로 보내졌다. 9세기 초 이슬람의 지배자는 열린 사고를 가진 '알 마문'이었다. 아리스토텔레스가 등장하는 꿈을 꾼 것으로 유명한 알 마문은 번역된 책들을 이교도의 것이라 무시하고 않았다(대체 알지도 못하는 아리스토텔레스의 꿈을 어떻게 꾸었다는 건지). 그는 책들을 모아 '지혜의 집'을 지었다. 교육 기관에 도서관이 더해진 복합 문화, 학술 공간이었다. 건립 초기 주로 페르시아 문헌을 아랍어로 번역했던 지혜의 집은 점차 고대 그리스 문헌들을 보관, 번역하는 쪽으로 영역을 넓혀갔으며 전쟁이나 종교의 이유로 난민 신세가 된 학자들에게 피난처를 제공하면서 지식과 책들을 빨아들인다. 가장 유명한 도서관 관장은 '후나인 이븐 이샤크'였다. 네스토리우스파 그리스도 교인이었던 그는 4개 국어에 능통했으며 번역을 총지휘했다. 후나인의 아들과 조카는 아리스토텔레스의 『피지카』, 플라톤의 『국가』, 히포크라테스의 저작들 그리고 해부학서 일곱 권을 번역했다. 후나인과 쌍벽을 이루던 '사비트 이븐 쿠라'는 번역학교를 세워 유클리드, 아르키메데스의 저작들을 번역했다. 사비트가 아니었더라면 우리가 알고 있는 그리스 문헌의 숫자는 지금보다 획기적으로 적었을 것이다.

그렇다면 이슬람 도서관에는 그리스-로마의 번역본들만 있었을까. 아니다. 동서양의 지식이 다 모인 어마어마한 지식 창고였다. 이슬람의 성장사成長史를 보자. 아라비아 통일을 이룬 이슬람은 얼마 후 페르시아를 무너뜨렸고 동로마의 주요 도시들을 빼앗았다. 동쪽으로는 당나라와 전쟁을 했으며 인도와 교류했다. 전쟁만큼 적극적이고 빠른 교류도 없다. 얼마 후 그리스-로마의 지중해 문화와 메소포타미아에서 축적된 오리엔트 문명 그리고 인도의 수학 지식과 중국의 형이상학이 이슬람에 모이게 된다. 창발성이란 단어가 있다. 창의성과 헛갈리기 쉬운데 실은 북한말이다. 시너지 효과를 북한에서는 창발성이라고 한다. 이슬람의 창발성은 남다르고 빼어났다. 그리스 과학은 이론에 치우친, 사념의 영역이었다. 이슬람 과학은 실용적이었다. 연금술은 근대 과학의 아버지다. 비非금속으로 금을 만들고 싶었던 인간의 욕망은 동서가 다를 리 없지만 이슬람의 실험은 치밀하고 집요하고 정교했다. 이 과정에서 알케미, 케미스트리, 알코올, 알칼리라는 단어가 나왔다. 우리에게 다 익숙한 것들이다. 이슬람 기하학 역시 그리스 수학에 기초했다. 그러나 그들은 그리스의 수학을 측량, 건축, 무기 제작 등에 활용하는 실천학문으로 바꿔 놨다. 삼각법과 대수학은 그 과정에서 새로 발생한 학문이다. 이슬람 학자들은 미리 온 르네상스인들이었다. 연금술은 기본이고 신학, 철학, 수학, 천문학, 문학을 자유자재로 구사하는 학자들이 수두룩했다. 서양 세계에 라제스라는 이름으로 알려진 의학자가 있다. 아랍 이름은 '알라지'로 천연두와 홍역을 처음으로 설명했다. 책을 200여 권 썼는데 유머 감각이 반짝여서 저작 중에는 『사람들은 왜 숙련된 의사보다 돌팔이 의사를 더 좋아하는가』라는 책도 있다. 지금 당장 교보문고에 가져다 놔도 하나도 안 어색한 제목이다. 그러나 뭐니뭐니해도 최고의 성취는 역시 인도 수학의 재가공이다. 알크와리즈미라는 학자는 『인도 계산법에 대하여』라는 책을 썼는데 이 책 덕분에 우리는 숫자 체계의 기원을 아라비아 숫자 체계로 착각한다. 여기까지만 하자. 이슬람의 학문적 팽창을 적어 나가자면 이 책 페이지 전부를 할애해도 아슬아슬하다. 중요한 것은 이 모든 성취들이 모두 책으로 만들어졌고 '지혜의 집'이라는 도서관에 보관되었으며 저자들은 연구자로 혹은 교수로 재직하였다는 사실이다. 이들은 자신들의 업적이 서구로 전해져 르네상스라는 정신문화 운동의 동력이 될 것이라는 것을 꿈에도 생각지 못했을 것이다. '지혜의 집'은 당연히 남아있지 않다. 흔적도 없이 사라진 그 도서관은 그러나 현재 유럽 문명 안에 촘촘하게 박혀있다. 어떻게 가능할 것일까?

바그다드 르네상스와 서유럽 르네상스를 잇는 다리는 스페인이다. 800년 이슬람의 지배가 이어지던 시기 이슬람-스페인의 수도는 남부 지방에 있던 안달루시아의 코르도바였지만 학문의 중심은 중부의 톨레도였다. 톨레도는 이슬람 지배에서 그리스도교 지배로 잠시 넘어갔다가 더 잠시 이슬람이 회복한 후 최종적으로 다시 그리스도교 지역으로 넘어간 곳이다. '잠시' 그리스도교 지배로 넘어간 시기가 1085년이다. 학자들에게 최고의 보물은 지식이다. 아랍과 북아프리카의 풍요로운 지적 유산을 구경하려고 내로라하는 학자들이 다 모여들었지만 불행히도 이들은 아랍어를 몰랐다. 그들은 톨레도에 살고 있던 유대인과 모사라베(이슬람 지배기의 그리스도교도) 학자들에게 도움을 청했다. 공정은 복잡했다. 모사라베 학자들이 아랍문헌을 에스파냐어로 번역한 것을 서양 학자들이 다시 라틴어로 번역했다. 얼마 후 중역重譯에 지친 서양 학자들은 직접 아랍어를 배우기 시작한다. 크레모나 출신의 게라르두스는 이 시기의 가장 중요한 번역자다. 그가 번역한 책들은 프톨레마이오스의 '알마게스트', 아랍 학자들 중 가장 유명한 인물이기도 한 이븐 시나의 '의학정전', 그리고 유클리드, 아리스토텔레스, 히포크라테스 등의 저작들이다. 13세기 말에는 거의 대부분의 아랍 지식들이 라틴어로 번역되어 유럽에 전해진다. 전승 경로는 주로 프랑스 남부였다. 툴루즈, 마르세유 등의 도시가 책들이 거쳐 가는 동안 얼결에 학문의 발전이라는 수혜를 입었다. 몽펠리에는 아예 의학과 천문학 연구의 중심지가 되었다. 프랑스 남부를 거친 책들은 독일과 잉글랜드로 퍼져나갔다.

수도였던 코르도바 역시 만만치 않다. 756년 우마이야 왕조의 왕자가 건설한 코르도바의 전성기는 912년부터 961년까지를 통치한 라흐만 3세 때다. 그의 치세 기간 중 이슬람은 쑥쑥 성장했으며 그의 막강한 함대는 당대 최고 소리를 들었다. 후손 운도 좋았다. 알 하캄 2세, 알 만수르는 코르도바의 번영을 이어나갔고 콘스탄티노플에 이어 유럽에서 두 번째로 큰 도시로 성장한다. 20만 가구에 900개의 공중목욕탕이 있고 잘 정비된 가로등으로 도시는 밤낮의 구분을 잊었다. 코르도바에는 70개에 이르는 도서관이 있었다. 알 하캄 2세의 도서관은 50만 권의 책을 소장한, 이슬람 세계에서 가장 큰 도서관 중 하나였다. 비슷한 시기 유럽 최대 규모 도서관의 장서는 수백 권에 불과했다. 코르도바 시민들은 책을 사랑하기로 유명했다. 읽고 토론하고 옆에 끼고 다녔다. 필경筆耕업에는 많은 여성들이 진출했다. 꼼꼼하고 세심한 걸로 치면 아마 남성보다 적격이었을 것이다. 어떤 여행객은 "거의 모든 사람이 글을 알았다"라는, 당시로는 놀라운 기록을 남겼다. 책을 사랑했던 도시 코르도바는 1236년 카스티야 왕국의 페르난도 3세에 정복당하는 것으로 막을 내린다. 그리스도인들의 복수는 무자비했다. 1492년 이슬람이 쫓겨나가자 아랍의 책들은 불타고 찢기고 가차 없이 제거된다. 나중에 스페인의 필리페 2세가 도서관을 건립할 때 아랍의 책들은 단 한 권도 남아있지 않았다.

르네상스를 모르는 사람은 없다. 그러나 르네상스의 지적知積 기반을 이슬람이 제공했다는 사을 아는 사람은 많지 않다. 그 많지 않은 사람 중 우리가 읽고 있는 플라톤과 아리스토텔레스가 직접 전승이 아니라 아랍 것을 번역한 것이라는 사실을 아는 사람은 더더욱 많지 않다. 유럽의 학자들은 아리스토텔레스의 논리학, 형이상학을 원본이 아닌 아랍어 번역본을 통해 연구했다. 해서 어쩌면 현재 우리가 알고 있는 아리스토텔레스와 플라톤은 원래 모습과는 다를지도 모르겠다. 한 문명의 도서관이 사라질 때 그 안의 책들은 다른 문명으로 옮겨졌고 그 문명이 또 문을 닫을 때 책들은 언어를 달리해 다시 다른 문명으로 전해졌다. 그렇게 서양 세계는 아랍 세계에 큰 빚을 졌다. 아랍에서 재가공한 지식을 받아들인 후 서양 세계도 이슬람을 연구하기 시작했다. 그러나 의도는 많이 불순했다. 대부분이 이슬람에서 모순을 찾아내 그리스도교의 우수성을 주장하려는 시도였다. 토마스 아퀴나스는 이 연구 성과를 '한 손에 칼, 한 손에 쿠란'이라는 슬로건으로 압축했다. 아랍 본토 도서관의 운명은 어땠을까. 아랍을 침공한 몽골과 투르크는 이슬람 학문 따위에는 전혀 관심이 없었다. 도시와 함께 도서관, 책이 허무하게 사라졌다. 그러나 도서관이 정말 사라지는 건 그 안에 들어있는 지식이 필요 없어질 때뿐이다. 이슬람의 도서관은 사라졌지만 그 도서관은 지금도 우리 곁에 남아 있다. 끝날 때까지 끝난 게 아니다. 사라지기 전까지는 사라지는 게 아니다. 에스파냐 이슬람에 대해 좀 더 자세히 알아보자.

10.
에스파냐의 이슬람 왕조들

　로마 시대에 히스파냐라고 불렸던 이베리아 반도는 동쪽은 지중해, 서쪽은 대서양에 둘러싸여 있는 주먹 모양의 반도다. 지중해를 놓고 로마와 한판 승부를 벌였던 주인공인 카르타고인들은 이베리아 반도에 많은 식민 도시들을 건설했다. 올림픽 개최지로 우리에게 익숙한 바르셀로나가 당시에 세워진 도시다. 포에니 전쟁에서 승리하여 이베리아 반도를 접수한 로마는 가톨릭을 통한 사상의 통합을 시도했고 1세기 무렵 이베리아는 로마의 완전한 속주가 된다. 얼마 후 이베리아 반도에서 황제들이 나오기 시작한다. 트라야누스, 하드리아누스, 마르쿠스 아우렐리우스, 테오도시우스 등 4명이 이베리아 반도 태생이다. 로마 본토에 이민족들이 발을 들여놓기 시작하면서 이베리아 역시 이민족의 먹잇감이 된다. 서로마가 무너지기 직전인 406년 반달 족이 갈리아를 거쳐 이베리아 반도로 들어온다. 그러나 더 사나운 서고트족이 그 뒤를 따랐기에 반달족은 이베리아 반도를 포기하고 지브롤터를 건너 북아프리카에 터전을 잡는다. 415년 로마에게 아키텐을 정식으로 양도받은 서고트 왕국이 출범한다. 6세기를 지나는 동안 서고트족은 토착민인 수에보인,

바스크인들을 굴복시키고 이베리아 반도 대부분을 장악한다. 뺏긴 땅도 있었다. 프랑크 왕국의 클로비스가 쳐들어와 아키텐을 뺏어갔다. 동쪽 끝에서는 동로마 제국의 유스티니아누스 황제군이 고토 수복을 외치며 쳐들어와 남부를 차지했다. 막상 점령은 했지만 통치는 또 다른 문제였다. 쉽지 않았다. 일단 숫자가 적었다. 이베리아 반도 거주민 400만 명 중 서고트족은 10만 명에 불과했다. 그리고 딱히 통치 기술도 없었기에 자신들은 현재의 세고비아 지역에 집단으로 거주하며 나머지 지방에는 군대와 관리들만 주둔시켰다. 701년 위티사 왕이 죽고 게르만족의 고질병인 왕위 쟁탈전이 벌어진 끝에 로드리고가 왕위에 오른다. 내부의 갈등이 채 수습되기도 전에 이슬람과 내통하던 귀족들의 도움으로 이슬람 군대가 쳐들어왔고 711년 서고트 왕국은 문을 닫는다. 이슬람교도들은 이때부터 1492년 물러날 때까지 무려 800년간 이베리아 반도를 통치했다. 일부 서고트족 귀족들은 북부로 도망가 훗날 레콩키스타의 기반이 되는 아스투리아스 왕국을 세운다. 이즈음 아랍 본토에서는 아바스 가문이 반란을 일으킨다. 우마이야 왕조의 마지막 왕자였던 아브드 알 라흐만은 피비린내 나는 살육을 피해 가까스로 이베리아 반도로 도망쳤고 756년 이베리아 반도 남부 안달루시아 지방에 코르도바를 수도로 한 알 안달루스라는 국가를 세운다. 후※우마이야 왕조 혹은 코르도바 칼리파조라고도 하는데 초기에는 아랍 본토의 아바스 왕조를 자극하지 않기 위해 칼리파 대신에 총독이나 제후라는 뜻의 아미르를 칭호로 사용했다. 왕국의 성장 속도는 빨랐다. 중세 이전 유럽에서 인구 5만을 넘는 도시는 한 손으로 꼽을 수 있었고 그중 두 곳이 알 안달루스의 세비아와 코르도바였다. 이들의 통치 기간 중 이슬람 문화를 받아들

이베리아 반도의 마지막 이슬람 왕국인 그라나다. 1231년 창업했고 1236년 코르도바가 점령당하자 남쪽으로 후퇴하여 북쪽으로 시에라네바다 산지, 남쪽은 알메리아로부터 지브롤터에 이르는 해안선으로 둘러싸인 지역을 영유했다. 건국 초부터 1323년까지 장기간에 걸쳐 축조된 장려한 알람브라 궁전이 이들의 작품이다. Alhambra에서 h가 묵음이라 알함브라는 틀린 발음이자 표기

인 가톨릭 신자들을 모사라베라고 한다. 아예 이슬람으로 개종한 사람들은 뮬라디라고 불렀다. 반대의 경우도 있다. 북쪽의 가톨릭 지역에 남아 있던 이슬람교도들은 무데하르라고 했고 이들 중에는 아예 가톨릭으로 개종한 무슬림을 적지 않았다. 이도 저도 아니게 가톨릭과 이슬람 사이에 있던 사람들은 에나시아도라고 했는데 양쪽 모두에게 곱지 않은 시선을 받았다. 이들을 양쪽 모두의 언어를 구사했다.

북부의 가톨릭 왕국들은 이들에게 상시적인 위협이었다. 1002년 재상이었던 알 마수르는 레온, 나바라, 카스티야 등 가톨릭 왕국에 패배했고 이슬람 진영은 왕과 귀족들의 내분으로 쪼개진다. 분열은 계속된다. 여러 개로 쪼개진 이슬람 왕국은 다시 여러 도시로 분할되고 도시와 도시, 왕국과 왕국의 분쟁은 일상화된다. 가톨릭 왕국들에게 이보다 바람직한 상황은 없었을 것이다. 이슬람 세력은 1212년 가톨릭 연합군에게 대패하면서 존망의 기로에 놓이지만 이 무렵 그라나다에 이슬람의 마지막 왕국이 세워지면서 잠시 숨을 돌린다. 그라나다 왕국은 250년간 전성기를 구가했지만 전반적인 이슬람 세력은 이미 약화될 대로 약화되었고 결국 1492년 가톨릭 연합군에 의해 정복당하는 것으로 이베리아 반도의 이슬람 역사는 막을 내린다.

11.
중동의 새로운 강자 튀르크

아랍 본토의 아바스 왕조는 이베리아의 이슬람 왕조보다 더 빨리 몰락했다. 아바스의 쇠망을 앞당긴 것은 노예 용병들이었다. 아바스 왕조의 8대 칼리파 알 무타심은 병력 충원을 한답시고 중앙아시아의 튀르크족 소년들을 잡아다 병사로 키웠다. 그러나 새끼 호랑이는 언젠가 자라 주인을 문다. 노예라는 뜻의 맘루크라고 불린 이들은 타고난 용맹스러움과 기마술로 얼마 안 가 아바스 왕조의 주요 군사직책을 차지했고 정치까지 넘보기 시작한다. 왕조가 비틀댈수록 튀르크 병사들의 영향력은 갈수록 커졌다. 10대부터 21대 칼리파가 겪은 수모의 세월은 그 왕조를 왕조라고 불러야 할지 의심이 갈 정도로 가련했다. 더 이상 눈치 볼 필요도 없던 튀르크인들 중 투그릴 베그가 이끄는 한 무리의 세력은 아예 나라를 세우는데 이게 셀주크튀르크 제국이다. 1037년 건국과 동시에 이들은 이란 지역을 장악했고 1055년에는 바그다드를 점령한다. 아랍에서 맹주가 되고 나면 다음으로 눈을 돌리는 곳이 동로마 제국이다. 1071년 셀주크튀르크는 아나톨리아 동부의 만지케르트에서 동로마 제국과 제대로 한판 승부를 벌인다. 결과는 셀주크튀르크의 대승. 포로로 잡힌 동로마 황제 로마누스 4세는 술탄인 알프 아르슬란 앞에 초라한 모습으로 서게 된다. 이때 둘이 나눈 대화는 유명하다.

아르슬란: 만약 내가 당신 앞에 포로로 끌려왔다면 어떻게 하겠는가?
로마누스: 아마 당신을 죽이고 콘스탄티노플 거리에 내걸었을 것이다.
아르슬란: 내 처분은 더 무겁다. 나는 당신을 용서하고 해방시키겠다.

이렇게 알프 아르슬란은 말로 로마누스와 동로마제국에게 치욕을 안겨주었다. 로마누스의 포로 생활은 일주일이었다. 아르슬란은 깔끔한 사람이었다. 모욕은 한 번으로 끝났고 아르슬란은 로마누스를 자기와 같은 식탁에서 식사하도록 허용했다. 술탄은 150만 개의 황금 조각은 선금으로 그리고 매년 36만 개의 황금 조각을 할부로 지불한다는 조건으로 로마누스를 석방한다. 그 사이 동로마제국에서는 로마누스를 폐위하고 이미 새 황제를 세운 상태였다. 내전이 벌어졌고 로마누스는 패배한다. 항복 전 로마누스는 아이슬란에게 편지를 보냈다. 자신이 폐위되었고 곧 남들에게 좌지우지될 상황에서 감사의 뜻으로 보낸다는 편지와 로마누스가 박박 긁어모은 전 재산을 동봉했다. 로마누스의 마지막은 참담했다. 원로원은 그에게 눈을 멀게 하는 형벌을 결의했고 이때의 상처 감염으로 유배지에서 외롭게 죽었다. 만지케르트 전투의 승리로 셀주크튀르크는 전성기를 맞는다. 그러나 빠른 성장속도만큼이나 몰락도 빨랐다. 종교를 이유로 쳐들어온 1차 십자군과 싸워야했고 왕위 승계를 놓고 벌어진 형제들 간의 불화로 구심점이 사라진다. 결국 십자군의 전쟁에서 이슬람의 영웅이었던 살라딘이 시리아와 이집트를 장악하면서 독자적으로 아이유브 왕조를 세웠고 아나톨리아 지역에는 롬 셀주크가 그리고 이란 지역에는 역시 튀르크계인 호라즘샤가 새 왕조를 개창한다.

　내부 분열로 찢어진 이슬람 세계에 그야말로 핵 펀치가 들어온다. 중앙아시아에서 몽골군이 쳐들어 온 것이다. 호라즘샤는 순식간에 폐허가 되었고(은유법이 아니다. 직유법이다) 롬 셀주크도 속국으로 전락했다. 명맥만 유지하던 아바스 왕조는 허무하게 바그다드를 내준 채 역사 속으로 사라진다. 우구데이 칸이 사망하자 몽골군은 정복 활동을 중단하고 귀환한다. 이때 몽골군 소속이었던 일단의 튀르크족이 이란과 아나톨리아에 정착하는데 훗날 이란에 세워진 사파비 왕조가 이들의 후손이 세운 왕조다. 셀주크튀르크 제국의 잔당들은 각기 세력을 확장하며 맹주가 되는 날을 꿈꿨고 이중 두각을 나타낸 게 오스만이라는 인물이다. 오스만튀르크 시대의 개막이다. 2대 술탄 오르한은 남동유럽까지 진출하는 등 무섭게 영토를 넓혀갔지만 4대 술탄인 바예지트 1세 때 몽골계의 티무르에게 패배해 잠시 기세가 꺾인다. 그 후 메흐메드 1세 때 전력을 회복했고 그의 손자인 메흐메드 2세 때 잭팟을 터트린다. 유럽의 방패나 다름없었던 동로마 제국을 무너뜨리고 콘스탄티노플을 접수한 것이다. 당시 나이 겨우 스무 살로 오스만 제국의 술탄 중 유일하게 파티히(정복자)라는 칭호가 붙은 인물이다. 메흐메드 2세는 콘스탄티노플의 이름을 이스탄불로 바꾸고 폐허가 된 도시를 재건했다. 원래 제국의 초창기에는 그 팽창속도가 엄청난 법이다. 이어지는 술탄들의 행보도 숨 가빴다. 발칸 반도를 차지하고 크림 반도와 흑해를 손에 넣었다. 남쪽으로는 이란과 시리아를 점령했으며 이집트를 점령해 또다시 세 개 대륙을 아우르는 제국을 건설했다(역사상 네 번째). 당시 이집트의 지배자는 아바스 왕조가 만들어 낸 전쟁기계인 노예병사들이 세운 맘루크 왕조였다. 이들은 칼리파라는 칭호를 사용하고 있었는데 오스만 제국은 이를 박탈해 이슬람 세계의 새로운 칼리파 시대를 열었다. 16세기 들어 쉴레이만 1세 때에는 동유럽과 헝가리를 정복했다. 1529년 쉴레이만 1세는 오스트리아 빈을 포위한다. 이 전투에서 유럽이 패배했으면 지금의 세계 역사는 많이 달라졌을 것이다. 쉴레이만을 막아낸 사건은 이베리아 반도에서 치고 올라갔던 이슬람 세력을 프랑크 왕국이 막아낸 것과 함께 유럽 문명의 2대 축복이라고도 한다. 쉴레이만 이후 오스만 제국의 세는 차츰 꺾인다. 1차 대전에서는 독일 편을 들었다가 제국이 쪼개지는 수모를 당했고 그 후 터키 공화국으로 이름을 바꿔 현재에 이른다. 왜 이렇게 짧고 급하게 오스만 제국의 역사를 마무리하냐고 하실 수 있겠다. 오스만 제국의 영욕은 이 책이 아니라 초원의 역사에서 자세히 다룬다.

몽골의 이슬람 세계 침공을 바라보는 십자군의 시선은 흥미롭다. 이슬람 세계에 몽골이 위협적인 존재로 다가온 것은 칭기즈 칸이 즉위한 지 16년이 흐른 1218년 무렵이다. 칭기즈 칸은 동부 이슬람의 주요 세력이었던 호라즘 왕국과 전쟁을 벌였고 결국 왕국의 문을 닫게 만든다. 1227년 칭기즈 칸의 사망으로 몽골의 이슬람 세계 압박은 잠시 소강상태를 보이지만 그의 손자이자 일한국의 초대 칸이었던 훌라구에 의해 악몽은 재발한다. 몽케 칸은 툴루이의 아들 훌라구와 명장 주치를 주력으로 삼아 서아시아 원정군을 편성했고 1258년 원정군은 이라크로 진군해 바그다드를 약탈하고 아바스 왕조의 마지막 칼리파 알 무스타심

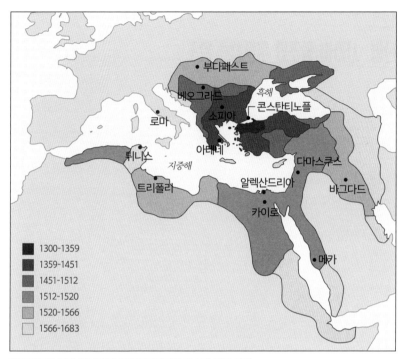

지중해

흑해

• 부다페스트

베오그라드

소피아

• 콘스탄티노플

로마

아테네

튀니스

다마스쿠스

트리폴리

알렉산드리아

바그다드

카이로

메카

■ 1300-1359
■ 1359-1451
■ 1451-1512
■ 1512-1520
■ 1520-1566
□ 1566-1683

1300년부터 최대 전성기였던 1683년까지의 오스만 제국 강역.

을 죽인다. 이 무렵 십자군은 몽골군과 협공해 아랍 세계를 무너뜨릴 계
획까지 세웠는데 여기에는 동방의 그리스도교 왕인 프레스터 존의 전설
도 한몫을 했다. 옛 몽골의 부족국가 키타이와 몽골 제국의 황실 내에
네스토리우스파 그리스도교도가 실제로 있었다는 사실이 유럽에 알려
지면서 전설은 사실처럼 받아들여진다. 프란체스코회의 수사 카르피니
는 프레스터 존을 인도의 왕이라 생각했고 마르코 폴로는 케레이트 부
족의 족장 온한이 바로 그 인물이라 주장하기도 했다. 물론 전설이고 신
화였으며 그런 인물은 존재하지 않는다.

12.
단명, 사파비 왕조와 아프샤르 왕조

고대 그리스 시대부터 서아시아의 최강자는 페르시아였다. 세계 최초의 제국이었으며 알렉산드로스에게 군사적으로 박살이 나긴 했지만 당대 최고의 문명이기도 했던 이 지역의 저력은 확실히 남달랐다. 아랍인에게 200년간 지배를 당했지만 정작 아랍인의 지배를 가능하게 해 준건 제국을 경영해본 경험이 있는 페르시아의 관리들이었다. 우마이야왕조도 아바스 왕조도 이들의 손을 빌릴 수밖에 없었고 페르시아어는 궁정에서 사용되는 언어로 살아남았다. 마치 무력으로 그리스를 정복한로마가 정신적으로는 그리스에게 무릎을 꿇었던 것처럼 아랍인들은 페르시아를 정복했지만 실상은 정복을 당한 셈이다. 아바스 왕조가 약화되면서 아이유브니 롬 셀주크니 하는 덩치 큰 나라들만 세워진 건 아니다. 이란 지역에도 이란인을 중심으로 하는 자잘한 독립 왕국들이 반복해서 세워졌고 짧게 지탱하다 소리 소문 없이 사라졌다. 이중 세력이 컸던 것이 932년 건국한 이란계 부와이흐 왕조다. 이란 지역 최초의 시아파 왕조이기도 했던 이들은 바그다드를 점령해 아바스 왕조의 칼리파를 꼭두각시로 조종하며 위세를 떨쳤지만 수명은 길지 않다. 동서로 세력이 분열된 가운데 1055년 셀주크 튀르크에게 멸망당했고 그 뒤로 이 지역은 다시 자잘한 세력들이 명멸하며 400년이라는 시간을 흘려보내게 된다.

15세기 말 이란 서북부와 아나톨리아 동부 지역에서는 튀르크 기병을 중심으로 한 무리가 점차 세력을 키워가고 있었다. 이들은 스스로를 사파비 부족이라고 불렀다. 사파비는 과거에 이들 부족을 이끌었던 족장의 이름이다. 16세기 초 사파비 부족의 지도자는 이스마일이라는 틴에이저였다. 이스마일에게는 든든한 후원자가 있었는데 튀르크 계열의 초강력 전투 집단인 키질바시다. 시아파 계열로 붉은색 터번을 감고 다닌 까닭에 붉은 머리라는 뜻의 키질바시로 불린 이들은 이스마일을 도와 사파비 왕조를 세운다. 이스마일은 자신의 칭호를 '샤'로 하는 것으로 자신이 페르시아 제국의 후예라는 정체성을 확실히 한다. 샤가 된 이스마일은 시아파의 한 갈래인 12 이맘 파를 왕조의 공식 종교로 선포한다. 12 이맘 파는 4대 칼리파인 알리를 초대 이맘으로 추종하면서 12대까지 이어져 내려온 종파로, 은둔에 들어간 12대 이맘이 인류 종말의 날에 홀연히 나타날 것을 믿는 사람들이다. 강압적인 개종 정책으로 수니파 주민들이 반발하지만 10대 소년의 아량이 그렇게 한가할 리 없다. 이스마일은 오히려 더 강력하게 개종을 밀어붙였고 거부하는 자들은 가차없이 죽였다. 무리수였지만 나름 노림수였다. 소년의 야망은 맹랑해서 오스만 제국의 술탄과 자신이 대등하게 대접받기를 원했다. 오스만 제국은 수니파다. 그래서 오스만 제국과의 차별을 통해 자신의 아랍권 내 지위를 시아파의 우두머리로 포지셔닝하고 싶었던 것이다. 사파비 영토

안의 수니파들은 오스만 제국 술탄에게 도움을 청했지만 오십 줄에 들어선 술탄은 노련하고 신중했다. 이스마일을 두들겨 패줘도 되지만 얻을 게 별로 없었다. 그러기는커녕 아랍권에서 이스마일의 위상을 높여줄 터였다. 덕분에 이스마일은 마음껏 자신의 위용을 자랑할 수 있었지만 그게 오래가지는 못했다. 바예지드 2세의 뒤를 이은 셀림 1세는 아버지와 달리 눈에 거슬리는 것은 두고 못 보는 성격이었다. 일찍이 아버지를 감금하고 형제들을 모조리 죽이는 것으로 명성을 떨친 그는 이스마일을 손 봐 주기로 결심한다. 그렇게 벌어진 것이 1514년 8월의 찰디란 전투다. 전투는 오스만 제국의 승리로 끝났다. 이스마일까지 총상을 입는 등 처절하게 박살난 전투였다. 패전의 대가는 컸다. 사파비 왕조는 아나톨리아와 주요 영토를 잃었다. 나중에 일부를 되찾기는 했지만 정말로 사파비 왕조가 잃어버린 것은 자신감이었다. 이스마일이 오스만 제국에 대한 보복 전쟁에 나서지 않자 키질바시들은 슬슬 불만을 토로하기 시작한다. 그러나 총상으로 인한 트라우마로 이스마일은 즉각 군사를 일으키지 않았고 키질바시와 이스마일의 관계는 틀어지기 시작한다. 사파비 왕조의 5대 샤인 아바스 1세 때에는 키질바시를 견제하기 위해 별도로 상비군을 편성했고 한편으로는 왕조에 대해 비판적인 시각을 가지고 있던 성직자 집단 울라마들과 우호적인 관계를 모색한다. 적을 하나 만들면 친구도 하나 만들어야 하는 것이 통치의 상식이다.

1729년 사파비 왕조가 수명을 다하고 아프샤르 왕조가 뒤를 잇는다. 중심인물은 나디르 샤였다. 새 왕조를 세운 그는 이전 왕조와 달리 친 수니파 정책을 펴기 시작한다. 단순히 차별화? 일단 세력이 막강해진 시아파 울라마들의 입김을 피하고 싶었던 것이 그 첫째 이유다. 두 번째는, 이걸 발상의 전환이라고 해야 할지 모르겠는데 이스마일이 오스만 제국과 대립각을 세우면서 시아파 맹주가 되려 했다면 그는 반대로 오스만 제국의 술탄을 대체 할 수 있는 인물로 자신을 포장하고 싶었다. 나디르 샤는 수니파 개종을 감행한다. 이번에도 주민들이 반발한다. 사파비 왕조의 강제 개종이 무려 200년이다. 그 사이 대부분 주민들의 종교적 신념이 수니파에서 시아파로 바뀌어 버린 것이다. 이스마일이 했던 것처럼 나디르 샤 역시 반대자들을 처형하는 것으로 반발에 응답한다. 한번은 통했지만 두 번의 행운은 찾아오지 않았다. 1747년 나디르 샤는 반대파들이 보낸 암살자에게 숨이 끊어지고 아프샤르 왕조는 1대 왕을 배출한 채 문을 닫는다. 보통은 최소 2대는 가야 왕조로 인정해주는 분위기지만 성격 자체를 달리했다는 점에서 아프샤르를 왕조로 보기도 한다.

13.
종이호랑이 오스만 제국과 유럽의 약진

정말 희한하게도 제국이 발흥할 때는 괜찮은 군주들이 연달아 나오고 제국이 시들 때는 무능한 인간만 줄줄이 나온다. 가끔 유능한 인물이 섞여 나오기도 하는데 그게 연달아 나오지 않는 것도 참 신기한 일이다. 오스만 제국이 딱 그랬다. 제국은 시들고 있었다. 술탄은 무능하고 관료들은 부패하고 여기에 예니 체리가 가세해 제국을 흔들었다. 새로운 군대라는 뜻의 예니 체리는 아바스 왕조가 그랬던 것처럼 발칸 반도의 그리스도교 자제들을 잡아다가 이슬람의 군인으로 만든 군대다. 예전 아바스의 맘루크 때처럼 군사를 장악한 예니 체리는 술탄을 가지고 놀았고 이들과 잘 지내지 않으면 술탄의 안녕은 없었다. 잘 지낸다는 것은 이들에게 수시로 하사금과 각종 상금을 내리는 것이다. 나라가 나라가 아니고 제국이 제국이 아니었다. 반면 유럽은 서서히 긴 잠에서 깨어나는 중이었다. 종교 전쟁에서 시작해서 영토 전쟁으로 끝난, 1618년에서 1648년까지의 30년 전쟁은 민족 국가라는 새로운 형태의 구심점을 만들어낸다. 여기에 신대륙으로부터 유입된 엄청난 양의 은과 대서양 무역의 확대는 유럽 각국의 약진에 날개를 달아준다. 오스만 제국은 이런 변화를 전혀 이해하지 못한 채 여전히 제국이라는 틀에 갇혀 있었다. 이무렵 오스만 제국에게 세상의 변화를 알려준 것이 나폴레옹 보나파르트다. 1789년의 프랑스 대혁명이 낳은 괴물 혹은 영웅인 나폴레옹은 한때 자코뱅 당으로 몰려 인생의 위기를 맞았으나 1795년 반혁명 왕당파들의 시위를 효과적으로 진압하면서 화려하게 컴백한다. 전공을 인정받아 이탈리아 방면 군사령관이 되어 이탈리아 전쟁에서 오스트리아군을 쳐부순 나폴레옹은 혁명 정부로부터 이집트 원정을 명령받는다. 명분은 영국의 인도에 대한 영향력을 약화시키라는 것이었지만 실은 국민들 사이에 치솟는 나폴레옹의 인기를 차단하려는 것이 진짜 목적이었다. 눈에서 안 보이면 멀어지니까. 나폴레옹은 그걸 모르고 이집트로 갔을까. 아니다. 그는 반대로 원정을 통해 이집트를 자신의 지지기반으로 삼고 이를 프랑스의 동방진출로 홍보하면서 입지를 강화할 절호의 찬스로 여겼다. 마치 카이사르가 원로원에 등을 떠밀려 갈리아 원정을 떠났을 때 계산이 따로 있었던 것과 마찬가지로, 1798년 7월 1일 5만의 병력으로 항구 도시 알렉산드리아에 상륙한 나폴레옹은 도시 수비대를 간단하게 진압하고 카이로로 진격한다. 이집트의 맘루크 병사들은 이교도인 프랑스군을 얕잡아 보았다. 그러나 7월 21일의 피라미드 전투에서 이집트군은 6천여 명의 전사자를 내며 대패한다. 나폴레옹의 발목을 잡은 건 영국의 넬슨 제독이었다. 프랑스 함대를 격파한 넬슨 덕분에 나폴레옹은 퇴로가 끊겨 이집트에 발이 묶이고 만다. 설상가상으로 프랑스의 사정이 극도로 나빠진다. 오스트리아와 러시아가 밀라노에 입성했고 영국은 네덜란드 상륙작전을 준비하는 등 사방이 적인 상황이 발생한다. 1799년 나폴레옹은 이집트를 탈출해 프랑스로 귀국해 쿠데타로 권력을 장악한다. 왕당파는 나폴레옹이 올리버 크롬웰 사건 이후 찰스 2세를 왕위로 복귀시킨 몽크 장군이 되길 바랐고 공화주의자들은 그가 조지 워싱턴이 되기를 바랐다. 그러나 나폴레옹은 자신만의 브랜드를 만들었으니 보나파르티즘이다. 개인의 카리스마와 인민의 전폭적인 지지를 결합시켜 의회주의를 압박하는 보나파르티즘은 국민투표라는 무기로 세상을 지배하는 방식이다. 이집트에 남아있던 나폴레옹의 잔류 세력들이 퇴각한 것은 그로부터 3년이 더 지나서였다. 그 기간 동안 프랑스군이 이집트에 가한 문화적, 군사적 충격은 엄청난 것이었다. 자신들의 시계는 정지해있고 유럽의 시곗바늘은 빠르게 돌고 있었다는 것을 비로소 인식한 것이다. 오스만 제국은 영국, 러시아와 연합해 가까스로 프랑스군이 밀어낸다. 이때 이집트를 지배한 것은 오스만 제국의 사령관 무함마드 알리였다(참 이름이 천편일률적이다). 그는 자신이 통치하는 이집트가 가야 할 길이 프랑스를 비롯한 유럽이라는 사실을 깨달았다. 무함마드 알리의 사절단이 프랑스를 다녀왔고 산업화와 신식무기가 도입된다. 머리가 커진 무함마드 알리는 드디어 오스만 제국으로부터 독립을 선언한다. 오스만 제국의 술탄은 시리아까지 진출한 무함마드 알리와 전투를 벌였지만 패하고 만다. 오스만 제국은 이제 혼자 힘으로는 아무것도 할 수 없다는 교훈을 배워야 했다. 결국 영국과 오스트리아의 도움을 받아 무함마드 알리를 축출하는데 성공하지만 이는 영국과 오스트리아로 하여금 오스만 제국이 생각보다 별거 아니라는 확신을 심어주는 효과를 가져왔다. 영국은 이집트를 원했고 러시아는 시리아에 눈독을 들였다. 오스만 제국은 이번에는 프랑스의 도움으로 위기에서 벗어난다.

1839년 오스만 제국의 31대 술탄 아브뒬메지드 1세는 귈하네 헌장을 발표한다. 귈하네는 터키어로 '장미의 방'이란 뜻이다. 헌장은 간단하게 말해 근대화 개혁을 실시하겠다는 내용이었다. 세부 항목을 보면 모든 국민의 생명과·재산과 명예의 보장, 인종과 신앙 차별의 철폐 그리고 공개재판의 실시, 징세제도의 개혁 등등이다. 잠깐, 좀 이상하다. 원래 오스만 제국은 다른 종교와 신앙에 대해 관대하지 않았나? 관대한 것은 맞지만 거기에는 분명 차등이 있었다. 당연히 이슬람이 1등 종교고 나머지는 2등이다. 그런데 귈하네 헌장은 그런 차등을 없애겠다는 얘기였다. 당연히 무슬림들이 반발한다. 보수적인 무슬림들은 쿠란을 들고 나와 시위를 벌였다. 쿠란은 이슬람과 다른 종교를 명확히 구분하고 이슬람의 우월을 단정한다. 통합을 목적으로 했던 헌장은 오히려 무슬림과 비무슬림의 갈등을 불러온다. 무슬림은 너희와 우리는 다르다고 외쳤고 비무슬림은 다 같은 종교니까 이제는 건드리지 말라고 주장했다. 이게 무력 분쟁으로 가는 건 시간문제였다. 발칸 반도에서 그리고 시리아에서 무슬림과 그리스도교가 충돌했다. 발칸 반도의 정교회 신도들은 무슬림에게 심하게 맞았고 흑해로 진출하고 싶었던 러시아는 이를 핑계로 크림 전쟁을 일으킨다. 이때 오스만 제국을 도와준 것이 영국, 프랑스, 사르데냐 연합군이다. 러시아에게 남하 욕구는 거의 DNA다. 1877년 러시아는 다시 발칸 반도를 공격했고 불가리아까지 쳐들어온다. 영국과 프랑스의 도움으로 오스만 제국은 겨우 러시아를 막아낼 수 있었다. 전쟁 이후 오스만 제국은 이들 열강과 베를린 조약을 맺는다. 말이 좋아 조약이지 그냥 오스만 제국의 영토 나눠먹기였다. 프랑스는 알제리와 튀니지를 먹었다. 영국은 이집트와 키프로스를 손에 넣었다. 발칸 반도의 세르비아, 루마니아, 불가리아가 독립하거나 자치를 획득했다. 오스만 제국의 영토는 60%로 쪼그라들었고 인구의 20%를 잃었다. 남은 것은 망하는 일뿐이었다.

　1차 대전은 독이 오를 대로 오른 종기가 터진 사건이었다. 큰 지도를 보자면 아프리카에서는 영국의 종단 정책과 프랑스의 횡단 정책이 충돌했고 동유럽에서는 독일의 범게르만주의와 러시아의 범슬라브주의가 대립각을 세웠으며 서아시아에서는 독일과 영국이 3B(베를린 - 비잔티움 - 바그다드)니 3C(카이로 - 케이프타운 - 콜카타)니 하며 이익을 추구하는 가운데 독일, 오스트리아, 이탈리아의 3국 동맹과 영국, 프랑스, 러시아의 삼국 협상이 서로의 힘을 저울질했다. 화약고는 발칸 반도였다. 이 지역은 종교로는 이슬람, 가톨릭, 그리스 정교가 뒤얽혀있고 민족으로는 슬라브, 게르만, 튀르크가 섞여있다. 오스만 제국의 쇠락은 이 지역의 독립을 가져왔고 이들은 서로 영토를 더 차지하기 위해 최선을 다하는 중이었다. 그리고 세르비아에서 결국 사건이 터진다. 1차 대전에서 오스만 제국은 중립 정책을 폐기하고 독일과 손을 잡는다. 그리고 결국 제국은 완전히 몰락하게 된다. 세브르 조약으로 제국은 해체되고 남은 것은 이스탄불과 아시아 쪽의 아나톨리아 반도뿐이었다.

14.
중동 버전 삼국지와 사우디아라비아의 건국

　오스만 제국이라는 '어쨌거나 이슬람 제국'이 사라지자 아랍 세계가 들썩이기 시작한다. 맹주가 되기 위한 각개약진이 시작되었고 이 중 가장 두각을 나타낸 게 아라비아 반도의 사우드 가문과 하심 가문이다. 하심 가문에서는 요르단과 이라크가 나왔고 사우드 가문에서는 이름에서 짐작할 수 있듯이 사우디아라비아가 나왔다. 그러나 이 세 나라가 오스만 제국의 퇴락과 더불어 갑자기 등장한 것은 아니다. 사우디아라비아의 건국이념인 와하비즘은 이미 18세기 중반에 등장했다. 창시자인 와하브에게서 유래한 이 이름은 이슬람 복고주의 운동이자 근대 이슬람 부흥운동을 뜻한다. 중앙 아라비아의 작은 오아시스 마을인 우야이야에서 태어난 와하브는 수행 겸 여행 삼아 이슬람의 성지들을 순례했고 18세기 이슬람 사회의 병폐를 목격한다. 그의 눈에 비친 아라비아 사회는 이슬람 이전 시대인 부패하고 타락한 사회였다. 당시 이슬람 사회의 낙후 원인을 그는 무슬림들이 이슬람의 올바른 길에서 벗어났기 때문이라고 보았다. 해결 방법은 당연히 진정한 이슬람으로 돌아가 이슬람 원리를 실천하고 이슬람의 근본 교리와 경전인 쿠란에 집중하는 것이었다. 이런 기본 정신 아래서 와하브는 인간과 신 사이에 중개자가 있다고 믿는 수피즘을 배격하고 쿠란을 문자 그대로 해석해야 한다고 가르쳤다. 또 성물聖物과 성도聖徒 숭배는 물론이고 음주, 도박, 춤, 흡연 그리고 화려한 치장을 철저히 금지했다. 뭐 그런 거야 도덕성 회복을 위해 충분히 인정할 수 있다. 그러나 쿠란으로 돌아가 원리주의를 실천하는 부분에서 와하브는 시대와 충돌했다. 간통죄를 저지른 여인에게 투석 처형을 판결한 것이다. 무려 1천 년 전의 말씀에 맞춰 세상을 바로잡으려 했으니 반발이 생기는 것은 당연했다. 성물과 성도의 숭배 배격도 그 도를 넘었다. 마을의 신성한 나무를 잘라버렸고 무함마드 동료의 무덤을 갈아엎었다. 심지어 무함마드까지 건드렸다. 그의 무덤 순례를 금했고 무함마드의 탄생일도 기리지 못하게 했다. 와하브에 대한 비난은 더 격렬해진다. 동네에서 궁지에 몰린 것은 물론 외부에서도 압력이 들어왔다. 주변의 울라마들이 동네 유지들에게 와하브를 죽여 버리라고 요구한 것이다. 결국 와하브는 고향을 떠나 정처 없이 떠도는 신세가 된다. 이때 와하브를 받아준 사람이 디리야 지방의 부족장이던 무함마드 이븐 사우드다. 그는 야심이 있었고 그 야심을 뒷받침할 명분이 필요했다. 와하브 역시 자신의 주장을 받쳐줄 무력이 필요했다. 이해관계가 맞아떨어진 둘은 손을 잡았으니 이게 1744년의 일이다.

세상에는 두 종류의 강한 군대가 있다. 하나는 이념으로 무장한 군대다. 또 하나는 이익으로 무장한 군대다. 둘 다 목숨을 걸고 싸운다. 그러나 이익으로 무장한 군대는 그 이익이 지속적으로 보장되지 않을 경우 빠르게 무너진다. 이념으로 무장한 군대는 다르다. 이겨도 신의 뜻, 져도

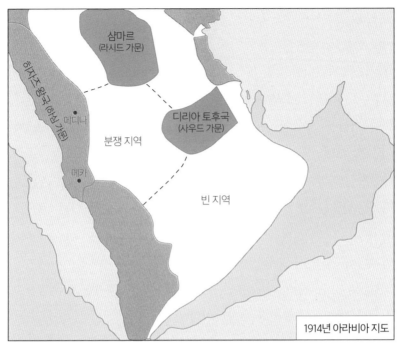

샴마르
(라시드 가문)

디리아 토후국
(사우드 가문)

히자즈 왕국 (하심 가문)

메디나

분쟁 지역

메카

빈 지역

1914년 아라비아 지도

1750년경부터 반도 동쪽의 사우드 가문, 북쪽의 라시드 가문 그리고 메카와 메디나를 포함한 히자
즈 지방의 하심 가문의 삼국지가 펼쳐진다. 하심 가문은 무함마드의 후손으로 알려져 있으며 가문
이름도 무함마드의 증조부 이름에서 가져왔다

신의 뜻이다. 특히 전투에서 졌을 경우 자기들이 신에게 뭔가 불경한 짓
을 했다고 자책하며 다음 전투에 더 혼신을 던지니 강해질 수밖에 없다.
사우드의 군대가 그랬다. 와하브의 가르침을 가슴에 새긴 이들은 알라
를 위해 싸웠다. 사우드는 여기에 이익으로 무장한 군대의 장점을 일부
이식했다. 전리품을 전투 참가자들에게 공정하게 나누어 주었던 것이다.
당시 일반적인 관행과는 사뭇 다른 이 조치에 병사들은 열광했고 사우
드에 대한 충성심은 나날이 높아져갔다. 이 충성심을 바탕으로 사우드

의 아들 압둘아지즈는 디리야 주변을 정복해나갔고 결국 1773년 아라비아 반도 중부의 최강자로 이름을 올린다. 1792년 와하브가 사망한다. 와하브는 죽었지만 그의 제자들은 더욱 극성맞았고 가끔은 제정신이 아니었다. 1801년 카르발라를 공격한 와하비들은 시아파 무슬림을 학살한다. 이들은 시아파를 이단으로 규정했으며 시아파의 성인으로 추앙받는 이맘 후세인의 무덤을 파괴했다. 이 조치에 수니파들까지 눈살을 찌푸렸지만 와하비들은 전혀 개의치 않았다. 3대 군주인 사우드 빈 압둘아지즈는(만날 그 이름이 그 이름이다. 그러나 어쩌랴 이름 짓는 법이 그런 것을)메카와 메디나가 있는 히자즈 지역을 차지한다. 와하비들은 더욱 무지막지한 이슬람 정화 작업에 들어간다. 메카와 메디나의 주민들을 학살했고 (타락했다는 이유로) 심지어 성도 숭배를 금한다며 무하마드의 무덤을 훼손했다. 탈레반의 원조다운 망동이었다. 이슬람 세계는 이들에게 완전히 등을 돌린다. 아라비아 반도는 주인 없는 땅이 아니다. 공식적인 주인은 오스만 제국이다. 사막뿐인 땅을 차지하고 왕 놀이 하는 것까지는 봐줄 수 있었지만 사우드 집안의 메카 점령은 그냥 두고 볼 문제가 아니었다. 오스만의 술탄은 이슬람 세계의 칼리파였고 메카와 메디나라는 성지의 수호자였기 때문이다. 제국은 이집트 총독 무함마드 알리에게 수복을 명령했고 1812년 결국 메카와 메디나가 다시 오스만 제국의 강역에 들어간다. 이때 알리의 군대를 적극적으로 도운 게 히자즈의 반反사우드 세력이었다. 1814년 4대 군주인 사우드가 사망하면서 사우드 세력은 본거지인 디리야로 다시 줄어든다. 5대 군주인 압둘라 빈 무함마드를 공격해 온 것은 이집트 총독 무함마드 알리의 아들 이브라힘이었다. 그는 프랑스에게 교육받은 장교들과 유럽의 신무기로 사우드 세력을 무자비하게 난타한다. 1818년 전투에서 패한 사우드 가문의 주요 인물들은 카이로로 끌려갔고 이렇게 첫 번째 사우드 에미레이트는 문을 닫는다. 에미레이트는 아미르(총독)가 다스리는 토후국土侯國을 말한다. 군주인 압둘라는 이스탄불까지 끌려가 처형당했다.

사우드 가문의 핵심 인사들이 카이로로 끌려갈 때 한 사나이가 가까스로 탈출에 성공한다. 5대 군주 압둘라의 아들인 투르키 빈 압둘라 빈 무함마드다. 이름 그대로 무함마드의 손자이자 압둘라의 아들인 투르키는 사우드 잔당과 동조하는 부족들을 모아 이브라힘이 철수하면서 남겨놓은 군대를 몰아내고 네지드 지역을 차지한다. 그리고 리야드를 수도로 삼아 1823년 두 번째 왕국을 세우니 이게 네지드 에미레이트다. 나름 현명한 군주였던 투르키가 암살을 당하면서 왕국은 혼란에 휩싸인다. 아들인 파이잘이 수습을 하며 2대 군주자리에 오르지만 이를 탐탁지 않게 여기는 인물이 있었으니 카이로로 끌려간 사우드 가문의 칼리드 이븐 사우드로 압둘라 왕의 동생의 아들이었다. 욕심이 생긴 칼리드는 이집트 총독 무함마드 알리에게 군병을 요청하여 아라비아 반도로 진군했으니 이제 전쟁은 사우드 가문의 사촌 간 내전으로 바뀐 셈이다. 이집트 군대에게 호되게 당한 적이 있던 터라 네지드의 세력들은 제대로 싸워보지도 않고 백기를 내건다. 파이잘은 이집트로 압송되고 칼리드가 새로운 지배자의 자리에 오른다. 그러나 얼마 안 가 반란이 일어났고(외세를 끌어들였으니 명분 없는 군주 아닌가) 칼리드는 이집트로 도망치는 신세가 된다. 반란군 지도자 투나이얀은 비록 칼리드를 몰아내기는 했지만 가문의 권위가 없었다. 각 부족들은 투나이얀의 명령을 무시하고 독립적인 통치를 하는 가운데 이집트로 잡혀갔던 파이잘이 탈출에 성공한다. 네지드로 돌아온 파이잘은 유력 가문인 라시드 가와 손잡고 다시 정권을 장악한다. 1865년 파이잘이 사망하자 아들들 사이에 내전이 벌어진다. 사우드 왕국이 흔들리자 라시드 가문이 슬슬 욕심을 내기 시작한다. 결국 1890년 라시드 가문의 무함마드 알 라시드가 중앙 아라비아를 통일한다. 자질구레한 이야기인데다 하도 이름이 헷갈려서 그게 그 내용 같다. 아랍 역사 공부가 쉽지 않은 까닭이지만 그렇게 치면 서유럽은 뭐 다른가. 죄다 어쩌고저쩌고 몇 세다. 아랍 역사는 쓰는 사람도 메모해가며 쓴다.

사우드와 라시드 가문의 경쟁에서 패배한 사우드 가문의 지도자 압둘 라흐만은 쿠웨이트로 도망친다. 이 사람의 아들이 압둘 아지즈 이븐 사우드다. 청년이 된 압둘 아지즈는 가문의 재건에 나서고 아라비아로 돌아와 과거 사우드의 지지자들을 모으기 시작한다. 긴장한 라시드 가문은 오스만 제국에 도움을 청한다. 이집트보다 더 무서운 게 오스만 제국이다. 지지자들이 하나 둘 떨어져 나가고 압둘 아지즈의 조직원들은 겨우 40명 남짓으로 줄어든다. 젊다는 것은 확실히 무섭다. 압둘 아지즈는 이 40명을 이끌고 리야드 공격에 나선다. 방식은 예전에 이슬람 창시자 무함마드가 썼던 기법으로 바로 라마단 기간 중에 선제공격에 나선 것이다. 아무리 라마단 기간이라고는 하지만 40명이 왕국 하나를 전복했다는 것은 이미 리야드 내부에 사우드를 지지하는 세력이 있었다는 것을 의미한다. 리야드의 수도를 점령한 압둘 아지즈는 주변 부족들을 빠르게 흡수한다. 라시드 가문은 오스만 제국의 군대와 합류해 압둘 아지즈를 공격한다. 압둘 아지즈는 운이 좋았다. 오스만 제국은 예전의 오스만이 아니었다. 열강들에게 치이는 상황이었고 아라비아 내전에 집중할 수 없었다. 압둘 아지즈는 가볍게 라시드 가문을 밟아 누르면서 아라비아의 새로운 강자로 등극한다. 압둘 아지즈의 운은 계속 이어진다. 1차 대전이 발발하자 전선을 넓혀 오스만 제국의 군대를 분산시키려고 했던 영국이 아랍인들을 부추겨 오스만 제국의 공격을 유도한 것이다. 이런 걸 꽃놀이패라고 한다. 영국은 압둘 아지즈에게 무기와 자금을 지원했고 거기에 독립 아랍 왕국까지 약속한다(물론 이런 약속이 지켜지는 일은 매우 드물지만).

문제가 발생한다. 1차 대전이 끝나고 오스만 제국이 해체되면서 영국과 프랑스는 중동 지역에 자신들의 입맛에 맞는 새로운 지도를 그리고 싶었다. 이를 재빨리 간파한 게 압둘 아지즈다. 압둘 아지즈는 영국과 껄끄러워지는 것이 자살행위라는 것을 알았다. 그래서 최소한의 욕심만 부렸다. 히자즈 지역의 지배자였던 샤리프 후세인만 몰아내는 것으로 영토 확장의 야망을 절제한 것이다. 여기에 반발한 것이 압둘 아지즈의 전사 집단인 이크완이었다. 압둘 아지즈의 강력한 지지 세력이었던 이들은 사파비의 초강력 전투 집단 키질바시처럼 근본주의 집단이었다. 압둘 아지즈는 사고가 말랑말랑한 사람이다. 오늘 선택한 것을 내일 다른 것으로 갈아타는 데 주저함이 없었다. 세력을 키우는 데 이크완은 필수였다. 그러나 영국의 취향 만족과 자신의 입지를 강화할 필요가 있게 되자 압둘 아지즈에게는 이크완과의 결별은 너무나 당연한 일이었다. 물론 악수하고 사이좋게 헤어진 것은 아니었고 치열한 전투로 결별했다. 낙타

타고 달리는 이크완을 압둘 아지즈의 서양식 군대는 참혹하게 살상했다. 도망치는 이크완을 지프차와 기관총으로 짓뭉갠 이 전투가 사빌라 전투가 아니라 사빌라 학살로 불리는 이유다. 이 사건은 나중에도 계속 문제가 된다. 이슬람 근본주의 세력들이 들고 일어날 때마다 걸고넘어지는 것이 사빌라 학살이다. 이들은 이 학살이 이슬람 대의를 저버린 배신으로 간주한다. 어쨌거나 압둘 아지즈는 내란을 종식하고 경쟁자 없는 왕국을 건설한다. 1932년 개창한 사우디아라비아 왕국이다. 실은 이보다 좀 더 복합한 과정인데 사우디아라비아 왕국의 건국은 다음 페이지에 다른 각도로 다시 등장한다. 당시 유럽 열강들은 이 나라의 개국에 크게 관심을 가지지 않았다. 영토라고 선언한 것이 대부분 사막으로 아무짝에도 쓸모없는 불모지였기 때문이다. 그러나 얼마 후 그 사막에서 석유라는 게 쏟아져 나와 이들을 당혹스럽게 한다. 건국으로부터 불과 6년 후였다.

15.
영국의 독창적이고 창의적인 중동 정책

오스만 제국을 오랫동안 괴롭혀 온 게 러시아다. 제국으로서의 오스만에게는 두 가지 혈통적 약점이 있었다. 아랍인도 아니면서 이슬람 제국이었고 서쪽 영토 주요 거주자는 튀르크인이 아닌 슬라브족이었다. 당시는 민족주의 전성시대다. 러시아는 범汎슬라브 민족주의를 주창하면서 발칸 반도를 들쑤셔 놓았고 1912년 10월부터 1913년 8월까지 두 차례의 전쟁이 발발한다. 발칸 전쟁이다. 흔히 1차 대전의 예고편이라고 부르는데 수많은 나라들의 이해관계가 얽힌 복잡한 전쟁이기 때문이다. 처음부터 반反오스만 제국 전쟁은 아니었다. 원래 타깃은 오스트리아다. 1908년에 보스니아, 헤르체고비나를 병합한 오스트리아가 본격적으로 발칸반도로 진출하는 것을 막기 위해 러시아는 발칸 여러 나라의 동맹을 추진했고 그 결과로 탄생한 게 1912년 불가리아, 세르비아, 그리스, 몬테네그로 사이에 성립된 발칸동맹이다. 그러나 막상 발칸동맹이 결성되자 이들은 통합된 힘으로 오스만 제국에 대항하여 발칸 반도의 튀르크 영토를 차지하는 쪽으로 방향을 선회한다. 1912년 10월 오스만 제국 영내의 마케도니아와 알바니아의 독립운동을 지원한다는 명목으로

몬테네그로가 먼저 오스만에게 선전포고를 한다. 이어 나머지 3국이 기세하니 1차 발칸 전쟁이다. 오스만 제국의 체력이 많이 떨어진 상황이라 하더라도 이 정도 공격쯤은 막아낼 줄 알았던 전쟁은 그러나 오스만 제국이 패전을 거듭한 끝에 동맹국에게 휴전을 요청하는 것으로 마무리된다. 12월부터 런던에서 강화회의가 열리지만 아드리아노플 등의 할양 문제로 회의는 심각하게 삐걱거리고 1913년 1월 오스만 제국 내의 청년 튀르크당이 쿠데타를 일으키자 동맹국은 회의를 취소하고 2월 4일 전투를 재개한다. 결국 5월 30일 강화조약이 체결되어 오스만 제국은 유럽 대륙에 있는 영토 전부와 크레타 섬을 발칸동맹에 넘겨주게 된다. 이 과정에서 영토분배를 둘러싸고 동맹 내부에서 분쟁이 일어났고 6월 29일 불가리아가 세르비아와 그리스를 공격한다. 제 2차 발칸전쟁이다. 국제정치가 이래서 재미있다. 불가리아의 공격에 맞서 몬테네그로, 세르비아, 그리스, 루마니아는 물론 여기에 오스만 제국까지 가세한다. 당연히 불가리아는 연전연패. 결국 7월 30일부터 강화회의가 열렸고 불가리아는 그리스와 세르비아에게는 마케도니아를, 루마니아에게는 도브루자를 넘겨주는 치욕을 감수하게 된다. 이때의 앙금으로 불가리아는 세르비아를 원수로 생각하고 러시아와는 요원해졌으며 결국 1차 대전에서 독일, 오스트리아 편에 서는 무리수를 두게 된다. 영원한 적도 영원한 동지도 없다는 국제 정치 질서가 이렇게 이기적이고 차갑고 냉정하고 난감하다.

다시 오스만 제국으로 돌아가자. 오스만 제국은 러시아를 견제하기 위해 영국과 프랑스를 끌어들이려 하지만 두 나라는 러시아와 손을 잡

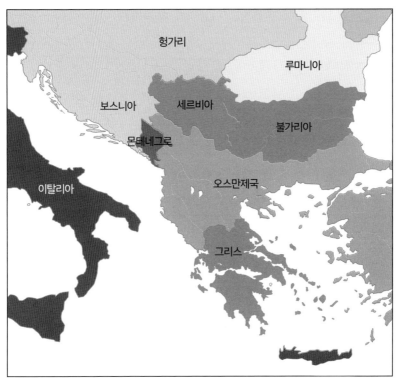

몬테네그로, 세르비아, 불가리아, 그리스가 오스만을 협공하는 치세다. 1913년 오스만 제국의 영토 분할에서 욕심을 부린 불가리아 역시 사방에서 협공을 당하는 처지가 된다. 지도를 보면 1914년의 1차 대전은 하늘에서 뚝 떨어진 것이 아니라 발칸 전쟁의 연장선상에 있음을 알 수 있다

고 3국 협상을 체결하는 것으로 오스만 제국을 무안하게 만든다. 오스만 제국의 선택지는 독일이었다. 독일은 독일대로 유력한 동맹군이 필요했다. 독일은 오스만 제국의 참전 조건으로 군사와 재정 지원을 약속했다. 그리고 둘은 손을 잡았다. 지금 이스탄불에 있는 '독일분수'는 당시의 기념으로 세워 진 것이다.(독일에서 제작해 이스탄불로 공수) 1914년 1차 대전에서 오스만 제국은 제법 역할을 했다. 수에즈 운하의 영국군

을 공격해 타격을 입혔으며 갈리폴리에 상륙하려는 영국, 프랑스군을 무찔렀다. 갈리폴리 전투는 처칠이 패배한 전투이자 터키의 국부 케말 파샤가 활약한 전투로 유명하다. 동부 지역에서 오스만 제국이 맞서야 했던 러시아는 마침 내부 혁명이 터지는 바람에 수고를 덜었다. 그러나 전쟁 막판까지 오스만 제국이 행운을 누리지는 못했다. 이집트, 시리아 에서는 영국과 아랍 반군에게 판판이 깨졌으며(이븐 사우드가 이 전투로 재미를 봤다) 결국 1918년 10월 31일 이스탄불에서 항복을 선언한다. 오스만 제국의 멱살을 틀어쥔 영국과 프랑스의 다음 수순은 오스만 제국의 해체였다. 오스만 제국만 그런 게 아니다. 1차 대전을 통해 오스트리아 를 필두로 제국이란 제국은 거의 다 문을 닫았다. 제국의 시대가 저물고 있었다.

시계를 오스만 vs 이집트, 시리아 전투로 돌려보자. 이집트와 시리아에 서의 전투를 앞두고 영국은 비상이 걸렸다. 오스만 제국의 메흐메드 5세 가 3국 협상에 대한 성전(지하드)을 선포하면서 전쟁의 성격을 무슬림 대 비무슬림의 대결로 바꿔버렸기 때문이다. 인도 무슬림이 동요라도 한다 면 영국은 수습을 할 마땅한 대책이 없다. 영국이 찾아낸 해법은 아랍민 족주의를 자극하는 것이었다. 민족주의를 하나로 뭉치게 하기 위해서 는 구심점이 필요했고 그래서 찾아낸 인물이 메카의 샤리프였던 하심 가 문의 후세인 이븐 알리다. 그는 메카의 아미르였고 4대 칼리파인 알리 와 무함마드의 딸 파티마 사이에 태어난 혈통을 일컫는 샤리프라는 후 광을 두르고 있었다. 메흐메드 5세의 성전 참여 요청과 영국의 회유는 동시에 도착했다. 후세인은 뜨는 해와 지는 해를 구분할 줄 아는 안목이 있었다. 그는 이집트에 있던 영국 외교관 헨리 맥마흔에게 편지를 썼다. 내용은 뻔했다. 오스만 제국과 싸워줄 테니 자신이 아랍에 독립왕국을 세우는 것을 동의해 달라는 것이었다. 몸이 달았던 영국은 후세인의 제안을 받아들인다. 그러나 이때 명확하게 해 두지 않는 것이 있었으니 새로 세워질 아랍 제국의 영토를 어디에서부터 어디까지로 할 것이냐는, 정말 주요한 사안이었다. 후세인이 염두에 두었던 영토의 범위는 아라비아 반도, 시리아 그리고 이라크 지역이었다. 영국은 난처했다. 시리아의 일부를 이미 프랑스가 차지하고 있었던 것이다. 이 문제로 여러 차례 서신이 오갔으나 명확한 결론을 내지 못한 채 아랍의 오스만 제국 공격이 시작된다.

원래 잘하는 협상은 일단 목표보다 크게 불러놓고 깎아주는 척하며 애초의 목표를 달성하는 것이다. 후세인은 영리한 전략가였다. 아라비아 반도, 시리아, 이라크를 요구했지만 그게 다 받아들여지지 않으리라는 것을 본인도 알았고 최종 협의 때 깎아주는 것을 전제로 최초의 제안을 세게 지른 것이다. 영국은 영국대로 생각이 있었다. 이런 걸 생각이라고 해야 하는지 모르겠지만 후세인과의 협의는 영국에게 별로 중요하지 않았다. 그보다는 오스만 제국의 아랍 영토를 프랑스와 어떻게 나눌지가 훨씬 더 중요했다. 그래서 영국과 프랑스 사이에 오간 게 사이크스-피코 협약이다. 후세인이 알았더라면 피를 토했을 이 협약에는 이라크는 영국이, 시리아는 프랑스가 차지하는 내용이 들어있었다. 이와 별도로 영국은 역시 후세인이 알았더라면 피를 토하는 것에 더해 안구가 튀어나올 협상을 하고 있었는데 그게 '벨포 서한'으로 유대인들과 팔레스타인에 유대인 국가를 세우는 것을 약속한 것이었다. 영국은 후세인, 프랑스, 유대인들과 무려 삼중 계약을 체결했고 이는 나중에 중동 분쟁의 꺼지지 않는 불씨가 된다. 사이크스-피코 협정의 폭로는 난데없는 곳에서 터져 나온다. 볼셰비키 혁명을 달성한 러시아 혁명 정부가 짜르 왕정의 외교문서를 마구 방출해버린 것이다(혁명 전 러시아 정부는 아나톨리아 동부의 지배권을 인정받는 조건으로 협약에 동의했다). 후세인은 어떻게 대응했을까. 그는 노련했고 지독한 현실주의자였다. 감정에 받혀 영국과 동맹을 파기하는 거야 정신건강에 잠시 좋을 뿐 그다음 길은 막막하다는 것을 알았고 일단 대세를 붙잡고 있어야 한다는 인내심으로 사태를 관망했다.

아랍군의 대 오스만 전쟁은 크게 성과를 낸 것도 아니지만 그렇다고 성과가 아주 없는 것도 아니었다. 1918년 아랍군대가 시리아의 다마스쿠스를 점령한다. 이 공격을 주도한 것은 후세인의 셋째 아들 파이잘 이븐 후세인이었다. 파이잘은 점령 즉시 정부 수립에 착수했고 1920년 시리아 국왕의 자리에 오른다. 자기들끼리야 뭘들 못하겠느냐만 이미 시리아는 프랑스가 차지하기로 한 땅이었다. 같은 해 4월 19일 영국, 프랑스, 이탈리아, 벨기에 등이 모여 체결한 산레모 협정에서는 영국과 프랑스의 사이크스-피코 조약을 공인했고 국제연합은 프랑스의 시리아 위임통치를 결정한다. 프랑스는 시리아 정부에 다 놓고 나가라는 통보를 보낸다. 파이잘에게는 선택의 여지가 없었다. 파이잘은 같은 해 7월 14일 프랑스에 항복을 했고 이로부터 26년간 시리아는 프랑스의 위임통치하에 들어간다.

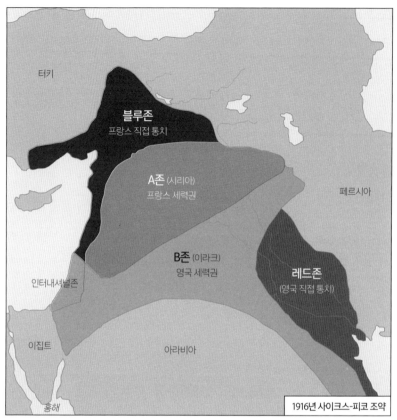

터키

블루존
프랑스 직접 통치

A존 (시리아)
프랑스 세력권

페르시아

B존 (이라크)
영국 세력권

레드존
(영국 직접 통치)

인터내셔널존

이집트

아라비아

홍해

1916년 사이크스-피코 조약

사이크스-피코 조약. 블루존은 프랑스 관할, 레드존은 영국 관할, 터키와 팔레스타인은 공동관리 구역이다

영국은 참 다양하게 다각도로 비밀협정을 맺었다. 파이잘의 아버지 샤리프 후세인이 맞이한 상황도 별로 좋지는 않았는데 영국이 반 오스만 전선을 구축하며 후세인뿐만 아니라 네지드 지역의 사우드 가문과도 엇비슷한 내용의 약속을 했기 때문이다. 약속을 두 곳과 했으니 둘이 싸워 약속의 주체를 하나로 만드는 일밖에 남지 않았다. 하심 가문과 사우

드 가문은 1918년 6월 네지드와 히자즈의 접경지역에서 첫 전투를 벌인다. 사우드 가문의 일방적인 승리였다. 하심 가문이 심기일전 달려들었던 2차전도 역시 사우드 가문의 승리. 보다 못한 영국이 사우드와 하심가에게 각자의 본거지인 네지드와 히자즈를 각자 경영하라 설득에 들어갔지만 후세인은 고개를 저었다. 사우드 가문의 이븐 사우드는 히자즈에 대한 대대적인 공세에 들어간다. 이미 수차례 패배로 더 이상 맞서 싸울 여력이 없었던 히자즈 주민들은 후세인을 원망하기 시작한다. 후세인은 장남인 알리에게 왕위를 물려주고 키프로스로 망명한다. 이븐 사우드는 아랑곳하지 않고 계속해서 히자즈를 몰아붙였고 메카와 메디나가 차례로 함락된다. 네지드의 술탄이자 히자즈의 왕을 자칭하던 사우드는 네지드-히자즈 두 곳의 왕국을 다스리다가 1932년 두 나라를 통합해 사우디아라비아 왕국을 선포한다.

이제 입장이 난처해진 것은 영국이다. 아랍은 부족 중심으로 돌아가는 동네다. 사우드 가문이 아라비아 반도를 통일한 것까지는 좋았지만 하심 가문의 반발을 방치할 수는 없었다. 여기에는 하심 가문이 맥마흔과 주고받은 편지 내용을 알고 있는 아랍 민중들의 반감도 상당해 불씨는 언제든 발화할 준비가 되어 있었다. 영국은 적당한 지역, 그러니까 지정학적으로 별로 중요하지 않은 지역에 하심 가문의 왕국을 세워주기로 한다. 그게 트란스요르단이다. 1921년 영국은 샤리프 후세인의 둘째 아들 압둘라 이븐 후세인을 트란스요르단의 국왕으로 선포한다.

이때부터 트란스요르단에는 아랍 민족주의자들이 대거 몰려들었고

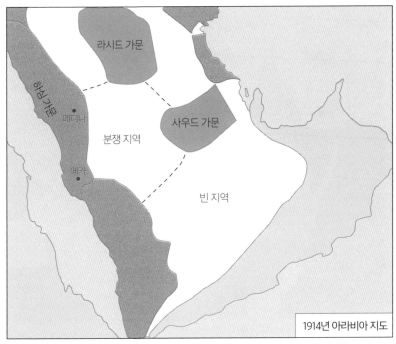

라시드 가문

하심 가문

메디나

사우드 가문

분쟁 지역

메카

빈 지역

1914년 아라비아 지도

지도가 없으면 이 시기를 이해하는 게 난수표 읽는 것 같다. 당시 아라비아에는 3개의 막강한 가문이 있었다. 서쪽 히자즈 지역의 하심 가문, 중간 약간 동쪽 네지드 지역의 사우드 가문 그리고 북부의 라시드 가문이다. 반도에서의 승자는 네지드의 사우드 가문이었다

인접한 시리아가 동요하기 시작한다. 프랑스의 위임통치에 반발하던 세력들이 들고 일어난 것이다. 프랑스는 영국에게 강력하게 항의하며 트란스요르단에서 아랍 민족주의 세력의 퇴출을 요청한다. 영국은 압둘라 국왕을 압박했고 압둘라 국왕은 영국의 지시에 고분고분 따를 수밖에 없었다. 압둘라는 아랍 민족주의자들을 추방했다(1946년 트란스요르단은 영국으로부터 독립하여 지금의 요르단이 된다). 영국의 또 다른 문제는 이라크였다. 1920년 4월의 산레모 협정에서는 프랑스의 시리아 위임통치

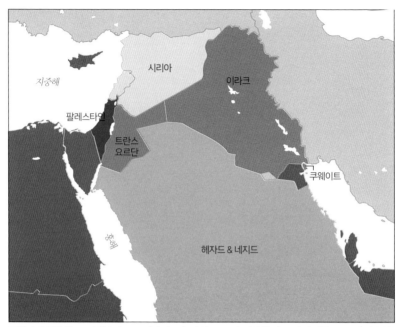

트란스요르단은 1921년부터 1946년까지 오늘날의 요르단 지역을 다스린 자치국. 요르단 강 동쪽으로 영국법상 팔레스타인 위임통치령의 일부였지만 실제로는 하심 가문이 이끄는 이슬람 자치정부의 영역이었다. 1946년 독립한 현재 요르단의 전신으로 정식 국명은 요르단 하심 왕국이다

뿐만 아니라 이라크의 영국 통치도 합의한 바 있었다. 그런데 이라크는 단일한 종교나 종족의 지역이 아니다. 동쪽은 시아파가 서쪽은 수니파가 그리고 북쪽은 아예 종족이 다른 쿠르드인들이 거주하는 복잡한 땅이었다. 이 땅에서 기적이 일어난다. 수니파와 시아파가 같은 모스크 안에서 예배를 드리기 시작한 것이다. 영국을 몰아내자는 아랍 민족주의는 물과 기름 같은 두 종파의 힘을 합치게 할 만큼 맹렬하게 타올랐다. 1920년 7월에는 반영 시위는 무장 반란으로 바뀌었고 이라크 중부 지역이 이들의 손에 떨어진다. 이라크인들은 자치 정부까지 세웠지만 영국

은 기갑부대와 포병 그리고 폭격기를 동원해 이를 섬멸한다. 이어 영국은 무장 투쟁의 잔존 세력을 끝까지 추적해 체포하고 살해했으며 이들의 집까지 불태워버렸다. 영국에게 이 지역은 전략적으로 매우 중요했다. 영국의 가장 중요한 식민지인 인도를 안정감 있게 경영하려면 이라크 동쪽의 페르시아 만을 확보하고 있어야했던 것이다. 그래서 아랍 인민들과 화해 불가능해진 이 지역을 직접 통치에서 간접통치로 돌리기도 결정한다. 그때 영국이 떠올린 인물이 시리아에서 제멋대로 정부를 세웠다가 쫓겨난 파이잘 이븐 후세인이었다. 1922년 영국은 아랍인들에게 일정한 존경을 받고 있었던 파이잘을 이라크 국왕으로 선포한다. 트란스요르단에 이은 하심가의 두 번째 왕국으로 위임통치를 받는 형식적인 왕국이긴 하지만 어쨌거나 아랍인 정부다. 다른 한 편으로 영국 입장에서는 중동에 사우드 가문이라는 단독 강자를 견제하는 세력을 양성하는 셈이었으니 꿩 먹고 알 먹고였다. 1933년 파이잘이 사망하고 그의 뒤를 이은 아들도 6년 만에 세상을 뜬다. 결국 손자인 파이잘 2세가 네 살의 나이에 즉위하는 진풍경이 펼쳐지는데 마침 2차 대전이 발발한다. 영국의 내정간섭에 질린 민족주의자들은 기회를 놓치지 않고 정변을 일으켰고 추축국에 가담해 영국과 전쟁을 벌이기도 했지만 설명한대로 이라크는 영국에게 인도와 더불어 패키지로 중요한 지역이다. 영국은 이 독립의지를 한 달 만에 깔끔하게 격파하고 이후 대규모 군대를 주둔시키며 실질적으로 이라크를 경영한다. 이라크가 주권을 되찾는 것은 1948년 이후의 일이다. 1958년 이라크와 요르단은 연합하여 아랍 연방이라는 새로운 국가를 만들 계획에 착수한다.(어차피 샤르프 후세인의 둘째, 셋째 아들이 왕좌를 차지했던 까닭에 일종의 가문 연합이다.) 1958년 2월 이집트와 시리아에서 동시에 실시된 투표에서 99.9%의 찬성으로 수립이 확정된 '통일 아랍 공화국'을 벤치마킹한 기획이었다. 그러나 요르단은 정치적으로 불안한 상태였고 요르단 국왕 후세인 1세는 신변 보호를 위해 이라크에 군사 지원을 요청한다. 그러나 정작 무너진 것은 요르단이 아니라 이라크였다. 이집트 나세르의 아랍 민족주의에 심취한 압둘 카림 카심 장군 중심의 자유장교위원회가 쿠데타를 일으킨 것이다. 왕정이 폐지되고 압둘 카림 카심과 무함마드 나지브 장군을 총리와 대통령으로 하는 제1공화국 정부가 들어섰다. 제1공화국 정부는 여성 차별과 일부다처제 금지 및 쿠르드족 등 소수민족에게 자치를 허용하는 등 개혁정책을 추진했지만 내부의 정치 혼란을 수습하는 데는 실패했고 1963년 바아스당과 군부 내 카심 반대파 세력들이 주도한 쿠데타로 전복된다. 1968년 바아스당이 단독 쿠데타를 일으키면서 아흐마드 하산 알 바크르 장군이 대통령에 취임했고 이 자리는 1979년에 사담 후세인이 물려받는다. 이후의 이야기는 자세히 후술한다. 정작 도움을 요청했던 요르단은 현재까지 하심 가문이 안정적으로 통치하고 있는 중이다.

슬픈 시리아

* 앞서 트란스요르단에 아랍 민족주의자들이 집결하면서 시리아를 장악하고 있던 프랑스의 입장이 난처해졌다는 이야기를 했는데 이후의 과정을 본문에 함께 밀어 넣으려니 너무 산만해지고 그렇다고 이야기만 꺼내고 결말 부분을 쓰지 않는 것도 독자에 대한 예의가 아닌 것 같아 따로 정리했다. 물론 여기서 기나긴 시리아의 모든 역사를 담을 수도 없고 그럴 필요도 없기에 당시 시리아 상황을 정리해봤다.

난민하면 떠오르는 게 시리아다. 내전(內戰)하면 떠오르는 게 또 시리아다. 대체 이 땅은 무슨 죄가 많아 인류의 십자가를 그토록 많이 지고 가는가. 결론부터 말하자면 이 지역이 너무 노른자위 땅이어서 그렇다. 고대에 특정 지역에서 수많은 왕국이 명멸하는 것은 보편적이다. 그러나 시리아에는 미탄니 왕국 정도가 이름을 기억할 시리아 주재 왕국이고 대부분의 세월을 강대국들의 식민지로 보냈다. 이집트 왕국, 아시리아 제국, 신바빌로니아 제국, 셀레우코스 제국, 로마 제국, 동로마 제국, 이슬람 제국, 셀주크튀르크 제국, 십자군 왕국, 오스만 제국이 시리아 지역을 경영한 명단이니 어지간한 제국의 지배는 다 받아 본 셈이다. 워낙 요지라서 피할 수 없는 운명이었다. 일단 중동과 이집트가 교류를 하려면 이곳을 지나지 않을 도리가 없다. 교통의 요충지 장악은 제국의 첫 번째 임무 아니던가. 덕분에 정치적인 독립은 없었지만 상업적으로는 교통과 무역의 중심지로 꾸준하게 발달해 온 곳이다. 특히 오스만 제국 시절 이스탄불, 테살로니키, 이즈미르 다음으로 큰 도시였으니 그 명성을 짐작할 수 있겠다.

1차 세계대전이 끝난 후 오스만 제국으로부터 독립한 시리아는 1920년 시리아 아랍 왕국을 선언한다. 그러나 불과 몇 개월 뒤 파이잘 왕이 쫓겨나면서 프랑스 위임통치기를 맞는다. 프랑스는 레바논과 함께 시리아를 군정으로 다스렸고 1936년 시리아 독립 선언에도 프랑스는 승인을 거부한다. 2차 세계 대전 중에는 비시 괴뢰 정부 치하였고 1941년 자유 프랑스-영국 연합군이 시리아를 점령한다. 그해 다시 시리아 독립 선언. 그러나 이번에는 영국과 프랑스가 동시에 이를 무시한다. 1944년 프랑스로부터 실질적으로 독립했고 내내 혼란 상태로 보내다가 1958년 나세르의 이집트와 통합, 아랍 연합 공화국을 결성한다. 그러나 아무리 봐도 동격이 아닌 두 나라는 결국 상처만 입은 채로 갈라섰고 1961년 시리아의 군사 쿠데타로 확실하게 분리된다. 1963년 바트당이 쿠데타를 일으켜 권력을 장악했고 1970년 바트당 내부의 하페즈 알 아사드 장군이 대통령 자리에 오른다. 2000년에는 아들인 바샤르 알 아사드가 대를 이어 시리아를 통치하기 시작했고 2011년 아랍 민주화 운동에서 영향을 받은 시민 저항이 격화되어 시작된 내전이 2023년 현재까지 진행 중이다.

16.
사막에 자리 잡은 또 하나의 이민족, 이스라엘의 탄생

중동 지역에 페르시아인과 튀르크 족에 이어 또다른 이민족이 섞여 들어온다. 아랍인들과 튀르크는 그나마 종교라도 같았는데 이번에 등장할 이민족은 종이 다른 것은 물론 종교까지 달랐다. 유대인들이다. 유대인의 시조는 아브라함이고 그는 메소포타미아의 우르 출신이다. 아브라함은 아버지인 데라, 아내 사라와 함께 신의 명을 쫓아 터키의 하란으로 갔다가 다시 남하하여 이스라엘의 헤브론에 정착한다. 그는 이곳에서 아들 둘을 얻는데 첫째는 첩에게서 낳은 이스마일이고 둘째는 정실부인에게서 얻은 이삭이다. 둘째인 이삭이 출생하자 첩인 하갈과 이스마일은 집에서 쫓겨나는 신세가 된다. 이삭은 에서와 야곱을 낳는다. 꾀돌이 야곱은 잔머리로 장자의 자리를 차지하면서 가계를 이었고 아들 열둘을 생산한다. 열한 번째 아들, 요셉이 문제였다. 그는 꿈의 해석에 특별한 재능이 있었는데 그 능력을 남발한 나머지 형들에게 미움을 사 이집트로 팔려가게 된다(참고로 형들은 이복형제들이다). 요셉의 재주는 이집트에서도 먹힌다. 그 재주를 기반으로 요셉은 이집트 행정의 2인자 자리에까지 오른다. 아들이 출세하자 일가족은 물론 친척, 동네사람들까지 이집트로 몰려온다. 그러나 요셉이 죽고 시간이 흐르면서 이집트 거주 요셉과 형제들의 후손은 노예로 전락한다(역사적으로 보면 요셉 시대의 파라오는 외부 유목민인 힉소스 계통이었고 요셉 사후 힉소스 계통이 밀려나면서 덩달아 요셉의 입지도 위태로워진 것). 이 후손들을 데리고 이집트를 탈출한 것이 모세다. 그는 이집트에서 장자 집단 살해 사건 등을 일으키고 홍해 바다를 건너 헤브론으로 돌아온다. 이 역시 역사적으로 보면 살짝 웃기는데 모세 시대의 파라오를 람세스 2세로 볼 경우 모세는 결국 이집트에서 탈출하지 못한 셈이 된다. 당시에는 헤브론이 포함된 시리아와 레반트 지역 역시 이집트의 강역이었기 때문이다. 하여간 젖과 꿀이 흐르는 헤브론에서 이들은 새로운 삶을 시작한다(이때의 젖과 꿀을 풍요의 상징으로 이해하기 쉬운데 말 그대로 젖과 꿀밖에 없다. 척박하다는 얘기로 사막 지역, 준사막 지역 그리고 석회질 바위뿐인 땅이다). 왕정시대로 돌입하면서 사울, 다윗 그리고 솔로몬으로 이어지는 이스라엘 왕국이 잠시 전성기를 맞기도 하지만 솔로몬 사후 세력이 둘로 갈리면서 왕국은 쪼개진다. 솔로몬의 아들인 르호보암에 반기를 든 세력은 북이스라엘을 세우고 르호보암 세력은 유다 왕국을 창건한다. 이름이 유다 왕국인 이유는 르호보암의 지지 세력이 유다 지파와 벤야민 지파였기 때문이다. 갈라진 왕국은 오래가지 못했다. 북이스라엘은 아시리아에게 그리고 유다 왕국은 신新바빌로니아 왕국에 의해 각각 멸망한다. 북이스라엘 사람들은 일부 아시리아로 끌려가고 일부는 주둔한 아시리아 인들과 살아간다. 유다 왕국 사람들은 통째로 신바빌로니아로 끌려갔는데 그곳에서 조로아스터교의 교리를 부분적으로 받아들여 자신들의 종교를 체계화시켜 나간다. 고난의 세월이 흐르고 신흥 강국 페르시아가 신바빌로니아를 무찌르면서 이들은 고향으로 돌아온다. 당시 페르시아왕은 고레스2세였는데 때문에 이스라엘 사람들은 그가 메시아라고 생각했다. 이스라엘 사람들을 유대인이라고 부르기 시작한 것도 이즈음이다. 이들이 유다 왕국의 후손들이기 때문이다. 신바빌로니아 귀향민은 예전 북 이스라엘 왕국 사람들을 무시하고 차별하고 사마리아인이라고 부르기 시작한다. 이들이 아시리아인과 섞이면서 혈통이 더러워졌다는 이유 때문인데 끌려갔다 온 처지에서 남아있던 동족들에게 할 소리인지는 의문이다. 귀향 유대인들이 세운 왕조가 하스몬 왕조다. 기원전 142년부터 63년까지 79년간 존속했는데 이들을 폐업시킨 것이 그 유명한 로마의 폼페이우스다. 유대인들의 독립투쟁은 치열했다. 그러나 73년의 마사다 전투와 132년의 반란 패배를 끝으로 이들은 뿔뿔이 흩어져 방랑민족으로 전락한다. 이것을 디아스포라라고 한다. 그리고 이들이 고향으로 다시 돌아와 세운 나라가 지금의 이스라엘이다. 1945년의 일이다.

유대인들의 조상은 분명 아브라함이다. 그런데 현대 유대인들의 외모를 보면 살짝 의문이 생긴다. 아브라함은 중동 사람이고 혈통을 중시하는 만큼 피가 그리 많이 섞이지도 않았을 텐데 사진이나 영화 속 유대인들을 보면 완전히 유럽인이다. 대체 어떤 일이 있었기에 이들은 중동 출신으로 그런 외모를 가지게 되었을까. 여기 유대인들이 불편하게 여기는 진실 하나가 숨어있다. 현재의 유대인은 대략 1,500만 명에서 1,800만 명 정도로 추산된다. 이들은 크게 셋으로 나뉘는데 아슈케나짐, 세파르딤 그리고 팔라샤다. 대략 1,200만 명 정도로 전체 인구의 80%를 차지하는 아슈케나짐의 조상은 아브라함이 아니다. 이들은 8세기 후반

남러시아와 우크라이나 접경 지역에 세워졌던 카자르 왕국의 후손이다. 9세기 경 카자르를 다스리던 불란은 유대교를 국교로 삼고 백성들을 모조리 유대교로 개종시켰다. 이유는 간단했다. 이슬람교를 받아들이자니 교리 상 칼리파를 섬겨야했고 그리스도교를 받아들이자니 로마 황제의 발밑을 자청하는 꼴이 된다. 둘 다 내키지 않았던 그는 제 3의 길을 선택했고 그게 유대교였던 것이다. 카자르 왕국은 10세기 말 슬라브족의 침략으로 해체된다. 슬라브족에 이어 몽골이 유럽으로 진격하자 이 지역의 카자르인들은 폴란드, 독일, 프랑스와 동유럽으로 뿔뿔이 흩어진다. 그러니까 이들은 아브라함의 후손이 아니고 당연히 신바빌로니아로 끌려간 적도 없으며 로마와 맞붙은 적은 더더욱 없는 종교만 유대교인 사람들인 것이다. 물론 이들도 고난을 겪기는 한다. 나치 치하에서 가스실로 끌려간 수많은 유대인들이 바로 이 아슈케나짐이다. 아브라함의 직계는 500만 명 정도로 추산되는 두 번째 그룹 세파르딤이다. 이집트에서 탈출한 것도, 신바빌로니아에 끌려갔던 것도 그리고 로마에 반기를 들었다가 디아스포라 신세가 된 것도 이들이다.

세파르딤이 주로 이동했던 경로가 이슬람을 따라 간 스페인이다. 그러나 15세기 가톨릭교도들의 국토회복운동에 따라 이슬람은 패퇴하고 유대인들은 개종 후 잔류냐 추방이냐 둘 중의 하나를 선택해야 했다. 유대인들의 선택은 당연히 이주다. 이들은 북아프리카, 네덜란드, 영국으로 건너간다. 유대인의 상업적인 탁월함은 네덜란드에서도 어김없이 발휘된다. 무역과 금융에서 보여준 이들의 실력은 네덜란드를 무역 강국으로 만들어 17세기 무역의 중심으로 떠오르게 했고 영국으로 건너간

오른쪽은 세파르딤, 왼쪽은 카자르계의 '아슈케나짐' 이스라엘 여성. 유럽인과 중동인으로 확연히 구분이 된다

이들의 산업혁명의 기초를 닦는다. 독일에서는 화학과 기계공업 발전에 이바지를 했고 이 기술이 결국 독일의 전쟁 의욕을 불러일으켰으니 후일의 유대인 학살을 생각할 때 이 또한 아이러니의 극치다. 네덜란드에서 발휘한 유대인들의 실력은 선박제조로 이어진다. 네덜란드인들은 이 배를 타고 사방을 누비는데 아프리카를 돌아 인도네시아를 경유했고 이때 홍콩에 이어 연결이 된 나라가 일본이다. 일본의 난학(네덜란드 학문) 발전에도 유대인이 기여를 한 셈이다. 서쪽으로 진행한 네덜란드, 유대인들은 신대륙 아메리카의 뉴욕에 도착한다. 1609년의 일이다. 이들이 뉴욕을 떠났다가 다시 돌아온 게 1624년이었고 뉴 암스테르담을 건설한다. 한국과도 인연이 없는 것은 아니다. 1800년대 유대계 독일인인 멜렌도르프가 청나라를 거쳐 조선에 도착한다. 멜렌도르프를 통해 조선을 알게 된 인물이 오페르트라는 사람이다. 이 사람은 우리 역사책에도

나오는데 흥선대원군의 아버지 남연군묘 도굴로 악연을 쌓고 가신다. 마지막으로 유대인을 구성하는 사람들이 팔라샤다. 베타 이스라엘이라고도 하는 이들은 북아프리카 에티오피아에 거주하는데 기원이 재미있다. 구약성경을 보면 시바의 여왕이 솔로몬 왕을 찾아오는 장면이 나온다. 그리고 거기서 낳은 아들이 메넬리크 1세다. 이 사람이 다스리던 시기 에티오피아에 살던 사람들이 팔라샤다(팔라샤는 '이방인' 또는 '권리가 없는 사람'이란 뜻으로 그들 스스로 '에티오피아의 검은 유대인'이라 부른 데서 유래한다). 이들은 그곳에서 원주민을 개종시키며 유대인의 전통을 이어나간다. 그러나 외부와는 완전히 단절된 상태였다. 이스라엘이 건국되고 아프리카로 선교를 떠났던 유대인 선교사들은 한 마을에서 유대인의 경전을 읽고 있는 흑인 무리들을 발견한다. 우리로 치면 남미의 오지에서 훈민정음 시대의 한글을 사용하는 원시종족을 만난 셈이다. 이스라엘은 처음에는 베타 이스라엘을 유대인으로 인정하지 않았다. 1975년 들어 이스라엘의 이츠하크 라빈 정부는 '베타 이스라엘'도 유대인이므로 귀환법의 적용대상이라고 선언한다. 1979년부터 1984년까지 모사드는 베타 이스라엘을 수단과 유럽을 거쳐 이스라엘로 수송했다. 1985년 모세 작전과 여호수아 작전을 통해 수단에 머무르던 베타 이스라엘이 이스라엘로 입국한다. 이들은 오래전 유대교만을 알뿐 현대 유대교가 낯선데다가 삶의 질도 너무 달라 현재 이스라엘의 골칫거리로 전락한 상태다. 살펴본 대로 애초 이스라엘 민족과 현재의 이스라엘 그리고 유대인은 많이 다르다. 현대 이스라엘의 공식 언어는 히브리어다. 아슈케나짐이 사용하던 언어는 히브리어와 독일어가 합쳐진 이디시어語다. 세파르딤의 언어는 이베리아 반도의 카스티야어와 히브리어를 섞어서 썼다. 팔라샤의 언어는 당연히 에티오피아의 암하라어 + 고대 히브리어일 것이다. 이래서는 죽도 밥도 안 된다. 이스라엘은 독립 국가를 세울 때만 해도 유대 교회 안에서만 쓰이던 히브리어를 대규모로 정비해서 공용어로 밀어붙였다. 당연히 나머지 언어들은 금지다. 어떻게 보면 이스라엘은 구성에서부터 언어까지 모조리 만들어지고 조작된 국가다.

이스라엘 건국 전야로 돌아가자. 유럽에 있던 아슈케나짐 사이에서 태동한 운동이 이른바 시오니즘이다. 시온은 팔레스타인에 있는 고대 예루살렘의 한 언덕 이름인데 그 상징적인 곳을 현실로 만들고자 하는 운동, 즉 귀향운동이었다. 여기서 핵심적인 역할을 한 사람이 유대계 오스트리아 언론인 테오도르 헤르츨이었다. 원래부터 이상이 높았던 사람은 아니고 매우 세속적인 성격의 남자였는데 드레퓌스 사건을 겪으면서 생각이 많이 바뀐다. 프랑스 장교였던 드레퓌스는 독일에 기밀을 넘긴 혐의로 체포되어 재판을 받았고 단지 유대인이라는 이유만으로 유죄 판결을 받았다. 나중에 무죄로 누명을 벗긴 했지만 이 사건이 유대인 사회에 안겨 준 충격은 만만치 않았다. 자기들은 유럽에 동화되어 스스로 유대인이라는 생각을 하지 않을 정도였는데 정작 유럽인들, 특히 프랑스인들은 전혀 그렇게 생각하지 않았던 것이다. 프랑스인들은 무죄 판결이 나자 오히려 유대인 비밀 조직이 재판에 관여했다고 우기면서 유대인을 죽이라는 등의 험악한 반응을 보였다. 테오도르 헤르츨은 느낀 바가 컸다. 아무리 살기에 불편함이 없더라도 여기는 남의 나라고 우리는 언제까지나 이방인일 뿐이라는 고민 끝에 그는 유대인 독립 국가를 구상하게 된다. 헤르츨은 자기 생각에 동의하는 사람들을 모아 1897년 스위스

바젤에서 제 1차 시오니스트 대회를 개최했다. 그리고 거기서 나온 독립 국가 건설의 목표지역이 팔레스타인이었다. 대회를 마치면서 헤르츨은 예언과 같은 말을 남겼다. "오늘 우리는 유대 국가를 건설했다. 다들 비웃어라. 그러나 50년이 지난 후에는 누구나 그 사실을 인정하게 될 것이다." 그 말은 50년 후 정말로 현실이 되었다. 1917년의 벨포 서한은 그 시작이었다. 영국 외무부의 벨푸어 장관은 시오니즘 운동을 재정적으로 지원하던 유럽 금융계의 거물 로스차일드에게 편지를 보냈다. "당신들의 운동을 긍정적으로 생각하며 우리도 최선을 다하겠다." 솔직히 외교적 언사로만 치면 뭐 하나 확정한 게 없는 내용이다. 긍정적이라는 것은 그저 반대는 하지 않겠다는 정도의 외교 수사이며 최선을 다한다는 말처럼 공허한 약속도 없다. 최선을 다했는데 잘 안됐다 해버리면 그만인 것이다. 그러나 이 편지의 여파는 엄청났다.

영국에게 제일 중요한 식민지는 인도다. 영국과 인도를 잇는 지점에 자신들에게 최소한 우호적인, 그리고 더 희망적으로는 자신들의 괴뢰국가가 들어서면 그보다 고마운 일이 없다. 유대인들의 노림수도 마찬가지였을 것이다. 우리가 친영親英적인 스탠스를 유지하기만 한다면 영국에게도 별다른 선택지가 없을 것이라는 판단이었다. 이 무렵 테오도르 헤르츨에 이어 이스라엘 건국의 또 한 명의 주요한 인물이 등장한다. 나중에 이스라엘 초대 대통령이 된 카임 바이츠만이다. 그는 영국이 듣고 싶은 소리를 정확하게 해줬다. "팔레스타인에 세워질 유대인들의 국가는 영국을 위해 수에즈 운하를 지키는 방어막 역할을 할 것이다." 그리고 이스라엘 수립 후 바이츠만은 그 약속을 지킨다. 벨포 서한 이후 정확히

31년 만에 이스라엘이 건국된다.

　문제는 그 땅에는 이미 사람들이 살고 있었다는 것이다. 그것도 아주 많이. 영국이 1차 대전에서 오스만 제국을 해체하자 바이츠만은 팔레스타인 땅에 유대인들을 이주시키기 시작한다. 팔레스타인 항구 야파에 도착한 영국 발 유대인들은 기겁을 했다. 사람이 사는 정도가 아니라 아예 인구밀집 지역이었고 심지어 아랍인들 말고 이미 유대인들도 살고 있었던 것이다. 아랍인들은 대략 80만 명, 같이 거주하는 유대인들은 5만 명 안팎이었다. 둘의 사이도 나쁘지 않았다. 나중에 이스라엘의 관변官邊 학자들은 그 땅이 사람이 없는 빈 땅이었다고 역사를 왜곡한다. 하여간 유대인들은 팔레스타인으로 몰려들기 시작한다. 영국은 물론이고 나라가 세워진다는 소식을 들은 다른 나라들에서도 발길이 이어졌다. 1917년 당시 5만 명에 불과했던 유대인의 숫자는 10년 만에 15만 명으로 불어난다. 1933년 히틀러의 집권은 유대인들에게 적색경보였다. 재산과 생명을 위해 유대인들은 해외로 빠져나갔다. 이들은 팔레스타인으로 모조리 몰려오지 않았다. 10명 중 7명이 선택한 곳은 러시아였다. 나중에 러시아는 이들 유대인을 학살함으로써 화끈하게 배신을 때린다. 이를 포그롬이라고 하는데 유대인들은 이 일로 독일보다 러시아를 더 싫어한다. 10명 중 3명이 선택한 곳은 팔레스타인이었다. 1940년 팔레스타인의 유대인 숫자는 40만 명에 육박한다. 팔레스타인 사람들이 차지하고 있는 것은 그래도 그때까지는 우세했던 인구 비율만이 아니었다. 팔레스타인의 땅들은 대부분 부재지주들의 것으로 이들은 근처의 생활환경이 편리한 곳에 거주하며 소작을 주고 있었다. 유대인들이 제일 많이 가진 것은 돈이다. 유대인들은 야금야금 이 땅들을 팔레스타인 부재지주들에게서 사들이기 시작한다. 그렇게 매입한 땅에서는 유대인들이 농사를 지었다. 소작농 팔레스타인 사람들은 도시로 이동하여 저임금 노동자로 직업을 바꾸는 수밖에 없었다. 팔레스타인 사람들에게 이는 자신들의 땅에서 벌어진 견딜 수 없는 치욕이자 생존과 직결된 문제였다. 이들은 영국에 대해 유대인 이주 장려를 멈출 것과 토지매매 금지를 요구한다. 그리고 1936년에는 총파업을 단행하며 무장투쟁을 벌였다. 그러나 영국의 눈에 이들의 요구 같은 건 하나도 중요하지 않았다. 후세인 - 맥마흔 선언도 휴지로 만들었던 사람들이다. 그리고 유대인들은 자신들이 원하는 조건을 제시하고 있었다. 기꺼이 영국의 편을 들어 영국의 이익에 보상하겠다는 자세가 싫을 리 없었다(말뿐만 아니라 실력도 있고). 말에 의한 호소가 더 이상 안 먹히고 팔레스타인이 무장투쟁을 벌이자 유대인들도 이에는 이, 눈에는 눈 법칙으로 총을 들고 맞섰다. 유대인 민병대 조직들이 만들어지기 시작한 것이다. 말이 민병대지 실은 테러단체나 다름없는 하가나, 아르군 등이다. 유대인 민병대와 팔레스타인 게릴라의 충돌은 날이 갈수록 격렬해진다. 영국은 다시 한번 팔레스타인을 속인다. 1939년 '팔레스타인 백서'를 통해 향후 5년간 유대인의 팔레스타인 이주를 매년 15,000명으로 줄이고 5년 후에는 아예 금지한다는 약속을 한 것이다. 당연히 그 약속은 지켜지지 않았다. 초기 민병대와 게릴라들의 전투력은 상호 간 비슷한 수준이었다. 이스라엘 민병대가 정식 군대 수준의 정예화를 달성하게 되는 게 2차 대전 시기이다. 영국은 프랑스 비시 정부와의 전투를 목적으로 하가나를 집중적으로 훈련시켰고 이들의 전투력은 일취월장하여 게릴라들을 압도하게 된다.

1944년 무렵 하가나는 10만 명의 위용을 갖추게 된다. 대략 3개 사단 정도가 편성이 된 것이다. 이들은 공포와 위협과 테러로 팔레스타인 거주민들을 살던 땅에서 몰아내기 시작했다. 팔레스타인 사람들 70%이상이 고향을 떠나 실향민이 됐다.

2차 대전이 끝나자 유대인 테러집단은 이제 영국의 눈치도 보지 않았다. 국제 정치의 패권이 영국을 떠나 미국으로 가 버린 것을 간파했기 때문이다. 미국은 실제로 중동지역의 석유에 관심이 많았고 어떻게든 이 지역을 자신들의 세력권 안으로 끌어들이고 싶었다. 영국은 팔레스타인에게 대한 영향력을 더 이상 행사할 수 없었고 결국 팔레스타인 문제를 유엔에 넘겨버린다. 1947년 유엔은 조사단을 파견한 끝에 영국의 팔레스타인에 대한 위임통치 종식과 그 지역에 대한 아랍 국가와 유대국가 건설이라는 보고서를 내놓는다. 같은 해 11월 유엔은 팔레스타인 영토의 56%를 유대 국가의 몫으로, 나머지 43%는 아랍에게 넘겨주되 이스라엘은 유엔의 신탁통치 아래 양측에 모두 개방적인 국제도시로 만든다는 분할안을 확정한다. 당시 팔레스타인에는 유대인이 60만 명, 팔레스타인인이 130만 명이었다. 뭔가 이상한 분할이었다. 그러나 이미 현실은 그 비율 이상으로 진행된 상태였다. 하가나와 아르군은 팔레스타인 땅의 4분의 3을 점령하고 있었고 어떤 면에서 유엔의 분할권고안은 팔레스타인에게 고마운 셈이었다. 여기에도 꼼수는 있었다. 유대인들에게 배정된 56%는 상대적으로 비옥한 땅이었고 팔레스타인의 몫 43%는 척박한 모래땅이었다. 국제정치의 잔인함은 여기서 한 발 더 나아간다. 억울해서 자다가 벌떡벌떡 일어났던 팔레스타인 사람들은 주변의 아랍

국가들이 자신들을 지원해주길 바랐다. 아랍 국가들은 기꺼이 호응해 1948년 5월 14일, 이스라엘 건국 기념으로 1차 중동전쟁을 벌인다. 그러나 아랍연맹의 목표는 팔레스타인의 독립이 아니었다. 그들은 팔레스타인 몫으로 배정된 영토의 43%에 욕심을 가지고 전쟁에 뛰어들었던 것이다. 같은 무슬림 형제는 전혀 같은 편이 아니었다. 싸워 줄 의지도 실력도 없었다. 1948년 5월 14일부터 1949년 3월까지 벌어진 1차 중동전쟁이 끝났을 때 이스라엘의 영토는 최초의 56%를 넘어 78%로 넓어져 있었다. 그리고 이스라엘과 아랍은 이때부터 길고 지루한 전쟁에 돌입하게 된다.

17.
이스라엘을 만든 1차 중동 전쟁

　남의 나라 건국하는 날에 전쟁을 시작했다는 것은 이미 결정은 내린 상태로 제일 약 오르기 좋은 날을 기다렸다는 의미다. 잔칫날에 재 뿌리기였던 1차 중동전쟁은 시리아, 레바논, 이라크, 이집트, 요르단의 병력에 사우디아라비아, 예멘의 자금과 자원병이 붙고 여기에 아랍 각지의 자원병들로 구성된 아랍 해방군까지 가세해 이스라엘을 때린 전쟁이다. 다만 열거한 나라에 비하면 병력 차출은 많지 않았다. 1차 중동 전쟁에 참여한 아랍연맹은 23,000명 정도였다. 어쨌거나 병력 배치를 보자. 이런 건 표로 봐야 편하다.

	아랍 연맹	이스라엘
요르단	영국군 지도를 받은 정예군. 야포와 장갑차	지면 끝장이라는 절박감
이집트	강력한 공군	
이라크	강력한 공군	
시리아	프랑스제 기갑장비로 무장 .전차 대대	
레바논	1천 명 지원	
아랍해방군	6천 명 중 일부 지원	

1차 중동전쟁 병력배치. 물론 이스라엘이 무기도, 병력도 없이 전투한 것은 아니다.

지면 끝장이라는 절박감이 이스라엘의 진짜 무기였다. 그렇다고 이스라엘이 맨주먹으로 싸웠다는 얘기는 절대 아니다. 그저 남의 땅이나 조금 더 얻어 볼까 전쟁에 들어간 쪽과 지면 바로 민족과 국가의 끝이라는 것으로 배수진을 친 나라의 차이를 표현하기에 이만큼 적당한 게 없어서다. 물론 외부 환경은 최악이었다. 이스라엘 건국 선언과 함께 영국은 완전히 발을 뺐다. 미국의 지원도 기대하기 힘들었다. 이스라엘에 호의적인 사람은 트루먼 대통령 하나뿐이었다. 트루먼이 시오니즘을 옹호한 것은 동정심 반, 정치적인 계산 반이었다. 1948년 대선에서 트루먼의 재선 가능성은 불투명했다. 아니 불투명한 정도가 아니라 심히 비관적이었다. 상대인 듀이는 여론조사에서 트루먼을 5% 이상의 차이로 앞서고 있었고 판세를 뒤집을 호재는 나올 구석이 없었다. 이런 트루먼에게 미국 내 유대인의 표는 절실했다. 1947년 11월 국제연합 투표에서 이스라엘 건국에 찬성하는 결과가 나온 것은 전적으로 트루먼의 강력한 지지 때문이었다(유대인에게 대체로 안 호의적이었던 스탈린이 찬성표를 던진 것은 지금도 미스터리다). 이스라엘의 독립선언을 앞두고 트루먼은 즉각 승인을 원했지만 국무부와 펜타곤 그리고 석유업계가 결사적으로 반대를 하고 나선다. 국무부와 펜타곤은 유대인의 로비를 혐오했고 석유업계는 아랍과 미국이 긴장 관계에 빠지는 것을 원치 않았다. 그때만 해도 중동석유에 대한 미국의 의존도가 높았기 때문이다. 이스라엘이 소련과 가까워지는 것에 대한 적당한 불안감도 한몫을 했다. 이스라엘 정치지도자들이 동유럽에 거주했던 사회주의자들이었기 때문이다. 실제 소련은 이스라엘에 접근해 무기를 제공하기 시작한다. 일단 1차 중동전은 외부조건과 무관하게 이스라엘과 아랍 연맹과의 싸움으로 전개된다. 이스라엘은 남녀를 가리지 않고 병력을 차출했다. 그게 29,000명 정도다. 아랍연맹이 각국에서 차출한 병력은 23,000명이었다. 이스라엘이 더 많다고? 한쪽은 거의 초보 민병대 그리고 다른 한쪽은 정규군이어서 숫자는 그렇게 비중 있는 고려대상이 아니다. 중요한 것은 아랍연맹은 왜 싸워야 하는지 이유가 명확하지 않았다는 것이다. 아랍 민족주의 시각에서 팔레스타인 사람들에게 그들의 국가를 선물하겠다는 명분과 선의라도 뚜렷했다면 모를까 그들의 땅을 차지하겠다는 얄팍한 심보만 있었으니 아마 아랍 병사들의 마음속에는 그저 빨리 전쟁을 끝내고 집에 갈 생각밖에 없었을 것이다.

이스라엘은 달랐다. 이들에게 '다음' 전투 같은 건 없었다. 도망갈 곳도, 돌아갈 곳도 없었다. 어떻게 보면 이 상황에서 이스라엘은 난민군대였다. 난민의 전투력은 매우 높다. 이래도 죽고 저래도 죽을 판이니 우리에게 내일은 없다며 죽을 각오로 싸운다. 실제로 이스라엘은 여자와 할머니까지 나서서 아랍 연맹의 전차에 맞섰다. 게다가 이스라엘의 병력은 조금씩 늘어나고 있었다. 매월 전 세계 각지에서 1만 명 가까운 유대인이 전선으로 꾸준히 유입되었고 개전 20일 만에 이스라엘 병력은 4만 명을 넘긴다(유학 중이던 학생들이 서둘러 조국으로 돌아왔다는 신화가 만들어진 때이기도 하다). 이 숫자는 연말에는 거의 10만에 육박하게 된다. 이들은 단순 자원봉사자가 아니었다. 대부분 참전 경험자들이었고 이들의 가세로 이스라엘의 전투력은 급상승한다. 소련의 지원은 체코를 통해 이루어졌는데 체코는 독일 군수공장이 있던 곳이다. 이스라엘 병사들이 독일 무기를 가지고 싸우기 시작했으니 이 또한 아이러니다(독일 무기가 성능은 또 좀 좋은가). 반대로 팔레스타인에 거주하던 아랍인들은 전쟁터를 빠져 나가기 시작했다. 인력은 그렇다 해도 화기의 불균형은 여전히 큰 변수 다. 이스라엘은 소총, 기관총, 박격포가 전부였다. 아랍연맹은 야포, 장 갑차, 탱크 그리고 비행기까지 두루 갖추고 있었다. 이건 정신력으로 어 떻게 해 볼 문제가 아니었다. 훗날 이스라엘 총리가 되는 골다 메이어는 이때 미국으로 건너가 5,000만 달러의 모금에 성공한다. 이 돈은 무기로 바뀌어 이스라엘로 공수된다. 해외에서도 무기들이 쏟아져 들어오기 시 작한다. 불충분한 무기를 이스라엘군은 지속적인 밀수와 심지어 도둑질 로 보강한다(이스라엘 기갑부대 창설은 도둑질이었다는 믿기 어려운 이야기가 전 해 내려올 정도다). 화력의 열세는 어느 정도 만회했지만 전쟁 개시 후 이스 라엘은 내내 밀리는 처지였다. 무기를 보유했더라도 실전배치에는 시간 이 필요하기 때문이다. 고맙게도 유엔이 휴전을 중재하기 위해 끼어든 다. 시간이 필요했던 이스라엘은 대환영, 아랍은 불만이었지만 휴전 안 하면 안하는 쪽에 제재를 가하겠다는 유엔의 경고에 1948년 6월 11일 부터 한 달간 시한부 휴전이 성립된다. 이 기간 동안 이스라엘 군은 전력 을 완전히 재정비한다. 휴전 종료 이틀을 앞두고 7월 9일 이스라엘의 공 격이 시작된다. 열흘 만에 이스라엘의 사령관이었던 모세 다얀은 전쟁의 흐름을 바꿔놓는다. 전황이 이스라엘에게 유리하게 돌아가기 시작한 것 이다. 해가 넘어가고 지쳐가던 아랍연맹은 결국 휴전협상을 선택하게 된 다. 이집트 정부가 1949년 2월 24일 가장 먼저 휴전협정에 서명한다. 레 바논과 요르단이 그 뒤를 이었고 마지막으로 시리아가 7월 20일 이스라 엘과 휴전협정을 체결했다. 시리아가 가장 늦게 협정에 서명한 것은 자 기들이 팔레스타인에 대한 지분을 가장 많이 가지고 있다고 생각했기 때문이다. 이라크는 휴전협상에서 빠졌다.

전쟁의 승리로 이스라엘은 두 가지를 챙겼다. 당초 유엔이 할당한 영토에 더해 팔레스타인 아랍인들에게 주어졌던 영토를 빼앗아 전리품으로 챙겼다. 비록 인구의 1%는 사망했지만 살아남은 나머지 99%는 '이 땅을 지켜야 한다, 지킬 수 있다, 지킬 것이다.' 이 세 가지를 마음에 새겼다. 돈으로는 환산하지 못할 소득이다. 이 소속감은 이어서 벌어지는 중동전쟁의 진짜 전력戰力이 된다. 아랍연맹에도 재미 본 나라가 없었던 것은 아니다. 이집트는 가자지구를 건졌다. 요르단은 웨스트뱅크를 손에 넣었다. 최대 피해자는 팔레스타인 사람들이었다. 자기가 살던 땅에서 완전히 쫓겨났고 다른 나라에 난민으로 흘러들어가는 처지가 됐다. 아랍연맹은 팔레스타인 난민들을 전혀 달가워하지 않았다.

18.
아랍사회주의와 범凡아랍주의의 주인공 나세르의 등장과 2차 중동 전쟁

1차 중동전쟁을 이스라엘 사람들은 독립전쟁이라고 부른다. 아랍인들은 알 나크바라고 한다. 재앙이란 뜻이다(자기들이 먼저 공격해 놓고 참 웃긴다). 특히 팔레스타인 사람들에게는 더더욱 그랬다. 재앙은 그러나 시작에 불과했다. 왜 그런지 말로 설명하기보다 지도 몇 장 보여드리는 게 빠르겠다.

중동 전쟁이 없었다면 이런 식으로 팔레스타인이 영토를 야금야금 잠식당하는 일까지는 벌어지지 않았을 것이다. 그 전쟁을 자신들이 선택한 것도 아니고 아랍 국가들이 했으며 피해는 팔레스타인 사람들이 모두 감당했다. 1차 전쟁을 재앙이라고(혹은 그 시작이라고)부르고 싶은 것은 아랍인들이 아니라 오히려 팔레스타인 사람들일 것이다. 2차 중동전쟁은 1956년이다. 영국, 프랑스, 이스라엘이 3국 동맹을 맺어 이집트를 공격했다. 우리의 6·25를 나라와 관점에 따라 한국전쟁, 조선전쟁, 항미원조 전쟁 등으로 부르는 것처럼(심지어 경인년에 일어난 난이라 하여 경인공란庚寅共亂이라 부르는 사람도 있다) 이 전쟁은 국제적으로는 수에즈 전쟁이라 칭

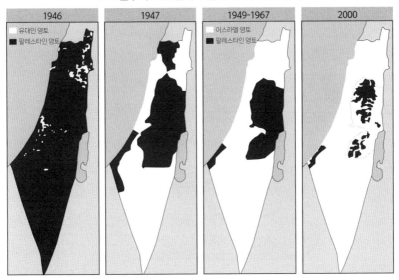

1946년부터 2000년까지 팔레스타인 영토 변화

| 1946 | 1947 | 1949-1967 | 2000 |

진하게 칠해진 부분이 팔레스타인 영토였다. 1946년 무렵 듬성듬성 흰점 같았던 이스라엘의 영토는 무럭무럭 자라서 2000년 현재 이렇게 바뀌었다. 1947년 안은 현실에서는 실현된 적이 없는 가상의 경계선이다.

하지만 이스라엘 측에서는 시나이 전쟁이라고 하고 이집트에서는 삼국 침략이라 부른다. 수에즈 운하를 둘러싸고 벌어진 전쟁이자 이스라엘에게는 시나이 반도와 유관한 전쟁이었고 이집트 입장에서는 영·프·이스라엘에게 공격당한 전쟁이라는 얘기겠다. 개인적으로는 이 전쟁을 영국, 프랑스의 우울증과 이집트의 야망이 충돌한 전쟁이라고 본다. 2차 대전 이후 영국과 프랑스의 지배력은 급속도로 무너지고 있었다. 한때 세계를 쥐락펴락했던 자만심에는 금이 갔고 자존심도 최악으로 뭉개졌다. 어쩌면 그 마지막 허세가 2차 중동전쟁이었다는 얘기다.

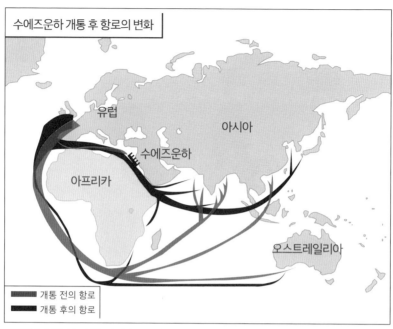

수에즈운하 개통 후 항로의 변화

유럽

아시아

수에즈운하

아프리카

오스트레일리아

개통 전의 항로
개통 후의 항로

지중해와 홍해, 인도양을 연결하는 수에즈 운하는 유라시아의 해상 실크로드를 연결하고 거리를
단축하는 매우 중요한 역할을 한다

  수에즈 운하는 1869년 11월 17일에 완공된 인공 물길이다. 지중해와
홍해 인도양을 잇는 이 물길로 운행 거리는 아프리카 남단을 경유할 때
보다 1만 km나 절약된다. 신이 대충 만든 땅을 인간이 마저 만든다는
말이 있다. 수에즈 운하가 딱 그 꼴이었다. 지중해와 홍해를 막고 있는
육지는 직선거리로 160km가 채 안 되고 그걸 못 뚫어서 1만 km씩이나
돌아 갈 이유가 없는 것이다. 고대에도 수에즈 운하는 있었다. 고대 이집
트, 로마 제국, 이슬람 제국 시절에도 수에즈 운하에 대한 기록이 나온
다. 그러나 인공 물길이기에 관리를 안 하면 다시 막히는 게 운하다. 사

막으로 막혀버린 이 운하를 다시 개통한 게 프랑스다. 수에즈 운하 건설을 총지휘한 프랑스인 레셉스는 이집트 총독 사이드 파샤로부터 99년의 임차 운영권을 얻어냈고 관리를 '만국 수에즈 해양 운하 회사'에 맡긴다. 말만 만국이지 주식의 절반을 프랑스인이 가지고 있는 사실상 프랑스 회사였다(40만 주 중 20만 7천 주를 프랑스 국내 개인 투자자들에게 나뉘어서 매각). 기타 나머지 주식들은 운하에 관심이 있을 법한 주요 강대국 정부에 분할매각을 추진했으나 모두 거부당했다. 미국, 러시아, 오스트리아 등은 실익이 없다는 점에서 이를 거절했으며 나머지는 영국의 압박으로 주식 매입을 검토조차 할 수 없었다. 프랑스가 하는 일이라면 일단 반대부터 하고 보는 영국이지만 특히 수에즈 운하 건설을 프랑스가 주도하는 건 영국의 패권에 대한 심각한 도전이었다. 영국은 이집트 정부와 그리고 형식적이지만 이집트의 지배자였던 오스만 제국에 중단 압력을 넣었으며 다른 나라들이 주식을 사는 것도 묵시적 협박으로 방해했다. 아무도 매입에 나서지 않으면서 결국 이집트 정부가 17만 주를 떠안게 된다. 협상 끝에 이집트 정부가 수에즈 법인을 소유하며 프랑스 정부에는 어떠한 권리도 없다는 최종 합의가 이뤄진다. 운하 개통 2년 뒤 프로이센-프랑스 전쟁이 터진다(보불전쟁). 결과는 아시는 대로 프랑스의 참패. 이 상황에서 프랑스는 운하 같은 것에 신경 쓸 여력이 없었다. 당장 프로이센에 전쟁배상금도 지불해야 하고 당연히 복수전도 준비해야 한다. 프랑스가 수에즈 운하에 더 투자할 능력이 없게 되자 1875년 사이드 파샤의 아들 이스마일 파샤는 재정 파탄 직전 상황에서 보유 지분 17만 주를 시장에 던졌고 영국은 이때 지분 전체를 통째로 매입한다. 프랑스의 영향력이 사라진 상황에서 수에즈 운하를 장악할 수 있는 절호의 기회였기 때문이다.

역사적으로 수에즈 운하는 인기가 높은 품목이었다. 1차 세계 대전 당시 오스만 제국은 수에즈 운하를 차지하기 위해 공세를 벌였지만 영국과는 전력상 게임이 되지 않았다. 완패. 2차 세계 대전 때는 독일 북아프리카 전차 군단이 이탈리아군과 함께 이집트 점령 및 수에즈 운하 차단을 기획하기도 했다. 1967년 3차 중동전쟁에서는 이스라엘이 시나이 반도를 점령하면서 수에즈 운하가 일시 폐쇄된다. 운하가 이스라엘과 이집트의 경계선 역할을 했던 것이다. 덕분에 세계의 해운, 무역업계가 부담했던 추가비용은 만만치 않았다. 1970년대 말 이스라엘과 이집트 사이에 국교 정상화가 이루어지면서 수에즈 운하는 온전하게 이집트 소유가 된다. 여러 차례 확장공사가 있었고 마지막 공사는 2015년이었다. 현재 수에즈 운하의 통행은 이집트 정부에서 관리하고 있고 1척 당 평균 통과비는 25만 달러로 총액은 이집트의 GDP에서 1.5% 정도다. 2020년 현재는 운하 이용 대신 아프리카 희망봉을 돌아나가는 배가 늘고 있는 상황이다. 유가 하락 때문인데 날짜는 10일 정도 더 소요된다. 다만 서아프리카 일대의 해적 때문에 선박에 대한 보험료 할증이나 보안업체 고용비용 같은 추가 비용이 급증할 경우 이는 다시 수에즈 운하 이용으로 이어질 가능성도 있다.

2차 중동전쟁에서 먼저 알고 가야 할 인물이 있다. 이집트의 가멜 압델 나세르다. 개인의 기량으로 한 국가의 국제적 지위를 끌어올렸고 당대 아랍사회주의와 범아랍주의 열풍을 일으켰던 주인공이었으며 아랍 최후의 정치적 술탄을 꿈꾸었던 사람이다. 나세르는 1918년 이집트 북부 알렉산드리아에서 태어났다. 아버지는 우체국 직원이었던 압델 나세르 후세인, 어머니는 알렉산드리아 상인의 딸인 파히마 하마드였고 나세르는 장남이었다(이집트에서는 전통적으로 집안 이름 대신 아버지 이름 앞에 자기 이름을 붙인다). 직업상 그의 아버지는 수시로 거주지를 옮겨야 했고 잦은 이동이 아들의 교육에 좋지 않다는 판단으로 나세르를 카이로에 있는 삼촌 집으로 보낸다. 삼촌은 반영反英 운동을 벌이다 체포되어 감옥살이까지 했던 인물이었는데 이는 나세르의 세계관 형성에 큰 영향을 주게 된다. 카이로 생활 1년 만에 집에 들른 나세르는 경악을 금치 못한다. 어머니는 사망했고 아버지는 그새 새장가를 들었던 것이다(어머니 죽음을 나세르에게 알리지도 않았음). 원래부터 별로 착한 아이는 아니었던 나세르는 이때부터 더 반항적으로 변했고 카이로로 돌아와서는 우울한 시간을 보낸다. 심정적으로 이미 나세르는 가족과 절연한 상태였다. 근무지가 다시 알렉산드리아로 바뀌자 아버지는 나세르를 집으로 불러들인다. 나세르는 여기서 중학교를 다녔는데 공부보다는 친구들과 쏘다니기를 좋아했고 영화관에서 시간을 많이 보냈다. 그가 좋아했던 것은 할리우드 영화였다. 고등학교에 입학하면서 나세르는 공부에 재미를 붙인다. 닥치는 대로 책을 읽었고 이 책 중에는 19세기 이집트 민족 해방 운동의 지도자였던 무스타파 카멜의 저서도 있었다. 나세르는 셰익스피어도 좋아했지만 영문학에 대한 호의가 영국에 대한 존경으로 이어지지는 않았다. 그에게 영국은 이집트의 마지막 정복자였고 조국이 벗어나야 할 올무였다. 이집트 민족주의 시위에 나갔다가 경찰에 체포된 것도 이 무렵이다. 원래 유치장에 한번 갇히고 나면 없던 결기도 생기는 법이다. 나세르는 곧바로 '청년 이집트당'에 가입한다. 무솔리니의 이탈리아 파시

소련 공산당 서기장 후르쇼프와 함께 한 나세르. 파라오를 넘어 술탄을 꿈꾸었던 나세르는 유고의
티토와 함께 2차 대전 이후 가장 주목받은 정치 지도자 중 한 사람이다

스트당을 본떠 만든 단체였는데 나세르는 그곳에서 희망을 발견하지
못하고 이내 탈당해서 직접 동지들을 찾아 나선다. 정치의식은 성숙해졌
지만 그렇다고 섣부르게 투쟁에 나설 정도로 어설픈 나이는 넘어선 상태
였다.

　당시 이집트는 1805년 오스만 제국에 반기를 들고 권력을 장악한 터
키 총독 메흐메드 알리의 후손들이 정권을 장악하고 있었다. 1849년
알리가 사망하고 아들이 사우드 파사가 뒤를 잇는다. 여기서 다시 수에
즈 운하가 등장한다. 물론 이집트의 시각에서다. 1854년에 사우드 파샤
가 프랑스 외교관인 페르디낭 드 레셉스에게 운하 건설권을 넘겨준다.

875년 알리의 손자인 이스마일 파샤가 재정적자를 메우기 위해 이집트가 가지고 있던 만국 수에즈 해양 운하 회사 주식을 영국에 팔아버린다 (1870년 프로이센과의 전쟁에서 패한 프랑스는 돈이 없었다). 영국은 재원을 로스차일드 가문에게 빌려서 마련했다. 운영에 개입하기 시작한 영국은 1882년 이집트에서 일부 군인들이 반란을 일으키자 운하 보호를 명목으로 군대를 진주시켰다. 이때부터 수에즈 운하에 대한 운영은 물론 이집트에서 영국의 지위는 독점적으로 변한다. 물론 오스만 제국 때처럼 쪽쪽 빨아먹지는 않았지만 제국주의란 게 본질은 다 비슷하다. 이집트 국민들은 자기 나라에서 2등, 3등 국민의 지위에 허덕여야 했다. 이집트인들은 교육에서 완벽하게 소외됐다. 그것은 일자리의 박탈과도 같은 말이었다. 각종 산업과 상업을 독점한 것은 그리스, 이탈리아, 프랑스 상인들이었다. 그리고 그 위에 영국인 공무원과 군인이 있었다. 1942년에 찍은 카이로 시내 사진을 보면 영국인 전용 당구장 입구에 '개와 이집트인은 출입금지'라는 안내문인지 경고문인지가 붙어 있었다. 하긴 영국은 이런 거 붙이는 거 아주 좋아한다. 1868년 중국의 영국 영사관 앞 공원 입구에도 '중국인과 개는 출입금지華人與狗不准入內'라는 푯말이 붙어 있었다.(정확히는 백인과 함께 하지 않은 중국인, 정장을 입지 않은 중국인, 그리고 개였는데 반영 정서를 고취하기 위한 조항을 섞어 선전했다.) 연대 상으로 이집트가 한참 더 뒤인데도 개보다 인간 순위가 밀린다.

오랜 동면 상태였던 이집트 민족주의는 1919년 대표단이라는 의미의 와프트당黨 결성으로 조금씩 잠에서 깨어난다. 1923년 와프트는 영국인들을 설득해서 헌법을 만들고 총선을 치러도 된다는 '허락'을 받아낸다. 매우 이상하게 들릴지 모르지만 전 세계 제국주의 지배 역사에서 이는 흔한 일이다. 아일랜드 역시 독립 전에는 영국으로부터 이런 허락을 받아내는 게 목표였던 적이 있었고 영국 국회에 아일랜드인이 진입하는 것을 목표로 삼기도 했다. 선거 결과 이집트 민족주의자들이 국회에서 다수 의석을 차지한다. 1924년 탄생한 국민에 의한 정부였지만 상징적인 것 이상의 힘은 없었다. 그 무렵 영국인 사령관이 카이로에서 살해되고 영국은 대가로 몇 가지를 이집트 정부에 요구한다. 다 들어주면 이집트 정부는 이름만 남는 상황이었고 특히 수단에 주둔 중인 이집트 군대를 모두 철수하라는 요구는 모욕에 가까웠다. 이집트는 수단을 오랫동안 자기네 영토로 생각해왔기 때문이다. 수상이었던 사드 자글룰은 모멸 대신 사임을 선택한다. 다시 선거가 치러지고 이번에는 친영국적인 정당이 의회를 장악한다. 1년 뒤인 1925년 다시 와프트당이 선거에서 승리하여 다수 의석을 획득한다(뭘 선거를 1년에 한 번씩). 이에 푸아드 왕은 의회를 해산해버리는 것으로 응수한다. 이집트 의회는 그 후 1935년까지 10년간 열리지 않았다. 1935년 17세의 나세르는 일기에 이렇게 적었다. "이집트는 아무런 희망도 없는 절망상태에 빠져있다. 누가 제국주의자들에게 멈추라고 외칠 수 있는가. 허약하고 굴욕에 빠져있는 이집트 국민이 다시 일어서서 자유롭고 독립된 인간으로 살 수 있도록 이 나라를 재건할 사람은 어디에 있는가." 대개 이런 일기는 그런 욕망이 있는 사람이 마치 누군가의 출현을 기다리는 척하며 쓴다. 나세르 역시 마찬가지였을 것이다. 17세라는 나이가 좀 그렇긴 했지만.

1935년 11월 영국 외무상은 헌법의 효력을 부활시키는 데 반대하고 이집트의 식민지 상태에서의 그 어떤 변화에도 반대한다는 요지의 연설을 한다. 정말이지 시위를 부르는 연설이다. 시위 도중 진압부대의 발포로 대학생 한 명이 사망한다. 고등학생 연합회 회장이었던 나세르는 시위대를 이끌고 카이로의 영국군 주둔지로 행진하던 중 부상을 입는다. 이어 추가로 대학생 두 명이 총격으로 사망한다. 시위가 폭동으로 진화할 기미를 보이자 푸아드 왕은 헌법 부활과 총선 실시를 발표한다. 와프드당이 승리한 것은 당연한 일이다. 수상이 된 무스타파 나하스는 향후 20년 동안 영국군의 주둔을 허용하되 대신 주둔 형식을 군사 점령에서 군사적 동맹으로 바꾸고 수에즈 운하 주변에만 영국군 주둔을 허용한다는 협정에 서명한다. 이 협정으로 나세르는 기회를 얻게 된다. 확대 개편된 이집트 군대에 보다 많은 숫자의 지휘관이 필요하게 되었기 때문이다. 그 이전까지는 상류층 자제들만이 입학 가능했던 왕립 육군사관학교의 입학 자격이 모든 계층에게 허용된다. 사관학교에서는 나세르의 불온한 전력을 문제 삼아 그의 입학을 불허하지만 나세르는 국방성 차관과 면담까지 한 끝에 결국 입학 허가를 받아낸다. 이즈음 이집트 왕이 16세의 파루크로 교체된다.

나세르는 육군사관학교에서 16개월 동안 군사학과 수학, 역사, 행정학을 공부했다. 그를 매료시킨 인물은 프랑스의 황제 나폴레옹이었다. 1938년 7월 장교로 임관한 나세르는 이집트 북부의 보병부대에서 군생활을 시작한다. 이때 만난 것이 동료 장교인 안와르 사다트다. 1939년 2차 대전이 발발한다. 전란은 어떤 이들에게는 기회다. 특히 전쟁 주요 참여국의 식민지들은 승리의 향방에 따라 처지가 달라진다. 전쟁 개시 무렵 이집트는 독일과 외교관계를 단절했지만 공식적으로는 중립국이었다. 독일의 압도적인 선전善戰은 많은 이집트인들을 들뜨게 만든다. 유대인에 대한 학살의 추문이 있었지만 이집트인들은 이번 기회에 독일의 승리가 영국을 몰아낼 수 있으리라 생각했다. 같은 생각이었던 아일랜드도 영국에 대한 지원을 거부했다. 인도에서는 역시 같은 이유로 일본군 침공 시 방관하겠다는 의사를 밝혔다. 이집트인들의 정서 변화를 알아차린 영국은 선심을 쓴다. 1942년 2월 4일 파루크왕에게 와프트당의 당수를 수상에 지명하도록 강요한 것이다. 선심 속의 욕심을 알아차리지 못할 정도로 이집트인들이 바보는 아니었다. 영국의 조치에 오히려 이집트군 내부의 민족주의자 장교들이 강력하게 반발한다. 나세르는 이런 분위기를 타고 '자유 장교단'으로 불리게 될 조직을 결성했는데 나중에 나세르는 자신의 이집트 혁명이 1942년 2월 4일에 시작되었다고 회고했다.

대위로 승진한 나세르는 육군사관학교 교관으로 부임한다. 조직 확장에 이보다 좋은 조건은 없었다. 나세르는 업무를 통해서 될성부른 떡잎들을 족집게처럼 골라내 조직으로 끌어들였다. 그러니까 자유 장교단은 이집트 군대 내의 또 하나의 군대였다. 2차 대전의 파고는 명목상 중립국인 이집트를 피해가지 않았다. 실업, 인플레이션, 생산량 감소가 쓰나미처럼 밀어닥쳤다. 또 하나 이집트인을 분개하게 만든 것은 영국군의 제멋대로 주둔이었다. 1936년 협정에 따라 영국군은 수에즈 운하 지역에만 있어야 했다. 그러나 영국군은 카이로와 알렉산드리아에 무심하게 진을 치고 있었다. 격렬한 폭동이 이어졌다. 1946년 5월 영국은 두 지역에서 군대를 철수하겠다고 발표한다. 영국이 착해져서? 아니다. 국제정치의 흐름이 제국주의와 식민지 포기 쪽으로 흘렀기 때문이다. 1946년 7월 영국군 장성이 이집트군 참모총장에게 카이로 시의 열쇠를 증정했고 자유 장교단의 일부는 자기들의 임무가 끝났다고 생각했다. 나세르는 아니었다. 수에즈에 영국군이 있는 한 아직 이집트는 자유가 아니었다.

1948년 1차 중동전쟁에서 나세르는 소령 계급장을 달고 있었다. 이 전쟁에서 이집트는 그동안 망가진 채로 방치되었던 이집트의 국가 자존심을 회복하고 싶었다. 그러나 의지만 가지고 일이 된다면 얼마나 좋을까. 이집트군의 군 병력 운용은 무계획의 절정이었다. 명령을 어디서 받아야 하는지 어디로 내려야 하는지 아는 병사는 아무도 없었다(약간 과장해서 그렇다는 얘기다). 부상자들이 누워있는 야전 병원을 둘러본 나세르는 할 말을 잊었다. 사지가 잘려나가고 머리가 터진 병사들이 제대로 된 치료도 받지 못한 채 방치되어 있었다. 안전한 곳에서 지도만 보며 명령을 내리는 이집트 고위 지휘관들에 대한 분노로 나세르는 치를 떨었다. 그들은 전쟁을 본 적도 없고 전투 현장을 방문한 적도 없었다. 담배를 피우며 마치 무슨 게임이라도 하듯 이들은 병력을 생각나는대로 움직였다. 나세르 역시 전투에서 부상을 입었고 카이로로 후송되었지만 붕대도 풀기 전에 전장으로 달려와 다시 이스라엘과 싸웠다. 그의 명성은 올라갔고 이스라엘 군도 그의 이름을 알 정도였다. 심지어 경의를 표하는 이스라엘 지휘관까지 있었다.

전쟁의 여파로 자유 장교단의 조직도 곳곳이 무너진 상태였다. 전체 조직의 형태를 알고 있는 것은 나세르 하나뿐이었고 결국 조직 재건은 오직 나세르의 몫이었다. 그는 사방으로 뛰었고 구멍 난 조직을 수리했다. 영국과 이집트 정부도 이상한 소리를 못 들은 것은 아니다. 그러나 그들의 어설픈 정보망으로는 자유 장교단을 건져 올릴 수 없었다. 자유 장교단 장교들조차 혁명이 벌어진 다음에야 나세르가 지도자라는 것을 알았을 정도이니 조직의 보안은 거의 완벽했던 것 같다(당시 기준으로 그렇다는 얘기다). 1950년 들어 나세르는 대담해지기 시작한다. '자유 장교단의 소리'라는 지하신문을 발간하기 시작한 것이다. 내용은 부정부패에 대한 폭로였다. 이집트인들은 파루크 왕이 얼마나 한심한 존재인지 그의 사소한 취미생활을 위해 자신들의 몇 년 치 생활비가 날아갔는지 그제야 알게 됐다. 팸플릿과 신문이 뿌려지자 일부 신문에서도 비슷한 내용의 기사를 실었고 몇몇 국회의원이 폭로전에 가담한다. 이집트인을 경악시킨 건 믿었던 와프트당의 부패였다. 조작, 뇌물, 정치공작의 지저분한 속살이 까발려졌고 민심은 폭동 직전으로 예민해진다. 당황한 와프트당은 국민들의 분노와 불만을 해소시키는 방안을 모색한다. 그게 영국과의 1936년 협정 파기 선언이다. 1936년 협정의 요지는 영국군의 수에즈 운하 주둔이다. 그걸 깨고 영국에게 이제 그만 나가달라 요구한 것이다. 약간 간이 부은 와프트당의 선언으로 당에 대한 불만은 다소 완화된다. 반대로 영국은 무슨 헛소리냐며 주둔 지역 강화에 들어간다. 그게 1951년의 일로 그쯤 되면 수에즈 운하의 이해 당사국인 영국, 프랑스와 이집트의 전쟁이 언제 터져도 하나도 이상한 일이 아닌 상황이 된다. 그러나 일이 터지기에는 아직은 시간이 더 필요했다. 당시 이집트 군의 실력은 영국과 붙어 한나절도 버티기 어려운 수준이었고 좀 더 강력한 이집트 군이 있어야 싸움이 가능했다.

1952년 1월 영국군 포병대가 수에즈 운하 근방의 이집트 경찰 숙소에 포격을 개시했다. 50여 명의 사망자와 수백 명의 부상자가 발생했고 이집트 게릴라들은 이에 대한 보복으로 영국군에게 기습 공격을 감행한다. 여기에 성난 이집트인들이 가세했고 카이로시 전체가 내전 상황으로 접어들었다. 나세르가 볼 때 이 사태는 자신이 계획한 혁명이 실현될 수 있는 좋은 기회였다. 나세르는 평소 눈여겨보았던 50대의 무함마드 나기브 소장에게 접근한다. 그 무렵 자유 장교단은 1백50명이 넘는 조직원이 있었으나 대부분 나이가 젊어 직접 행동에 나설 경우 일반 대중들이 믿고 따를만한 중진급 인사가 없었다. 특히 아랍 세계는 나이 든 사람을 존중하는 사회다. 지명도와 함께 자신들의 혁명 이념에 동조하고 있다는 점에서 나기브만큼 적당한 인물은 없었다. 7월 들어 자유 장교단에 대한 수사가 본격적으로 진행된다. 파루크왕은 친위 쿠데타를 준비하고 있었고 이 과정에서 자유 장교단을 색출해 박멸할 계획이었던 것이다. 나세르의 계획은 당겨졌고 1952년 7월 22일 자정 쿠데타를 일으킨다. 자유 장교단의 지시를 받는 장갑차와 전차들이 이집트군 사령부로 진격했다. 이집트군 사령부는 나세르의 쿠데타를 진압할 체력이 안 되었다. 그저 카이로 시내를 질주하는 쿠데타군의 질주를 방해하는 수준이었다. 쿠데타군은 영국군의 개입을 차단하기 위해 수에즈 운하로 들어오는 도로를 봉쇄했다. 이어 라디오 방송국, 전신 전화국, 경찰서, 주요 관공서를 접수하며 이집트 당국의 통신, 행정망을 끊었다. 이 과정에서 두 명의 사령부 보초병이 사살되었다. 쿠데타 치고는 인명희생이 거의 없었던 것은 자유 장교단 소속이 아님에도 장교와 사병들이 쿠데타에 동조하여 적극적으로 진압과 방어에 나서지 않았기 때문이다.

오전 7시 자유 장교단이 장악한 라디오 방송국은 혁명을 공시적으로 선언한다. 이어 혁명 공약이 발표되었다. 영국 군대의 이집트 추방과 봉건 체제 청산, 소수 자본가에 의한 권력 장악 종식이 주된 내용이었다. 파루크 왕의 퇴위는 당연했다. 외국 정보기관들은 자유 장교단의 성향을 알아내기 위해 바쁘게 움직였다. 나세르는 실용주의자였다. 사회 개혁의 원칙으로 공산주의를 반대하면서도 그들과의 관계를 계속 유지했다. 그렇다고 자본주의를 믿지도 않았다. 이집트인들의 가난에 자본주의적인 탐욕이 한몫을 하고 있다고 생각했기 때문이다. 혁명 지휘 평의회인 RCC가 구성되었고 비밀경찰 해산, 검열 제도 폐지, 정치범 석방 그리고 파루크 왕의 퇴위를 공식적으로 요구했다. 일부 자유 장교단 단원들은 왕의 처형을 원했지만 나세르는 고개를 저었다. 왕에 대한 존중이 남아있는 이집트였고 자칫하다가는 또 다른 유혈사태로 번질 수도 있었다. 파루크 왕은 어린아이인 아마드 푸아드에게 왕위를 물려주고 이탈리아로 망명했다.

여러 사회 개혁을 주장했지만 정말 중요한 문제는 영국군의 수에즈 운하 철군이었다. 미국은 쿠데타 세력에 대해 호의를 보였다. 나세르는 미국을 활용하여 영국군을 밀어내는 것도 좋은 방법이라고 생각했다. 도움을 청한 미국 대사로부터 돌아온 답은 이집트가 북대서양 조약기구에 가입하면 무기 제공이 가능하다는 얘기였다. 냉전cold war이었다. 바야흐로 세계는 제국주의 시대를 끝내고 미소 양대 강국의 대결이라는 새로운 국면으로 접어들었다. 냉전이라는 단어에 속아 실제적인 충돌은 없었다고 생각하기 쉬운데 무력 대결이 없었던 것은 서유럽뿐이었고 아시아, 아프리카, 중동에서는 피비린내 나는 혈투가 벌어진 게 냉전의 또 다른 얼굴이었다. 당장 6·25 전쟁, 베트남 전쟁만 해도 냉전이기는커녕 열전熱戰 아닌가. 나세르는 미국의 제안에 선뜻 답을 줄 수 없었다. 북대서양 조약기구 즉 나토NATO는 소련의 봉쇄를 목적으로 한 미국의 전략적 기구로 영국 역시 그 회원국이었던 것이다.

1953년 7월 나기브를 대통령 겸 수상으로 하는 공화국이 선포된다. 그러나 나세르가 실질적인 지도자라는 사실을 모르는 사람은 아무도 없었다. 아니 딱 한 명 나기브만이 그 사실을 몰랐거나 모르고 싶었다. 그는 자신이 명목상의 지도자가 아니기를 바랐고 실제 이집트 국민들도 그의 온화한 매력에 끌리기 시작했다. 나세르와 나기브의 불화는 국군 총사령관 자리를 놓고 시작되었다. 국군 총사령관은 실질적인 군의 지도자다. 나기브는 이 자리를 몹시 차지하고 싶었고 나세르는 당연히 반대였다. 총사령관 자리는 나세르의 오랜 친구인 압델 하킴 아메르에게 돌아갔다. 나세르는 내무장관에 취임했다. 국내의 치안 유지와 반혁명 세력을 제거를 위한 포석이었다. 국군 총사령관에 이어 국내 정책을 놓고 나세르와 나기브는 다시 충돌한다. 나세르는 정치혁명과 사회혁명 두 가지를 동시에 진행하고 싶었다. 반면 나기브는 이 두 혁명의 진행에 소극적이었다. 나기브는 혁명에 성공했으니 군부가 정부 권력에서 손을 떼어야 한다는 주장이었다. 그러나 그것이 군의 실세인 나세르의 힘을 약화시키기 위한 것이라는 것을 주장하는 나기브나 듣는 나세르 모두 알고 있었다. 나기브는 슬슬 나세르에게 참견을 하기 시작했다. 의회 정치로의 복귀와 검열, 체포, 구금 행위 중지를 내세웠으나 이 모두가 나세르의 기반을 약화시키기 위한 것은 너무나 빤한 일이었다. 치열한 내부 권력 투쟁 끝에 나기브는 실각한다. 1954년 나기브는 모든 자리에서 사임한다고 발표했으나 이미 그의 세력이 어느 정도 뿌리를 내린 상태였다. 여기에 사회불안이 더해지면서 나세르는 정치적으로 수세에 몰리게 된다. 군의 분열도 심각했다. 나기브를 지지하는 세력은 노골적으로 나세르에게 대립각을 세우고 있었다. 나세르는 한발 물러선다. 나기브는 수상 자리에 복귀했고 나세르는 부수상을 맡았다. 구ᐨ 이집트 정부의 기득권 세력이 나기브에게 몰려갔다. 나기브 역시 이들을 반기지 않을 이유가 없었다. 대결은 신파, 구파의 형태로 발전한다. 나세르는 2차 쿠데타를 준비한다. 그의 정치 감각은 쿠데타 초기보다 훨씬 더 세련되어 있었다. 나세르는 혁명 지휘 평의회 해산을 발표했고 총선거를 약속했으며 정당 활동의 자유를 보장하겠다고 선언했다. 그대로 가면 1954년의 총선은 구 지배세력의 복귀는 너무나 당연했다. 이집트는 혁명 이전의 시대로 돌아가는 것이다. 개혁을 요구하는 세력은 이에 반발하면서 거리로 뛰쳐나왔다. 노조는 총파업을 선언했고 신문들은 이를 지지하는 기사를 매일 같이 내보냈다. 모두가 나세르의 공작이었다. 나기브는 정치적인 책임을 지고 결국 수상 자리에서 물러날 수밖에 없었다. 연이은 나세르의 승리였다. 이제 나세르에게 맞설 사람은 아무도 없었다. 그는 영국과의 문제를 푸는 일에 집중할 수 있었다.

나세르와 나기브가 권력 투쟁을 벌이는 동안에도(이 문제는 비가시적인 싸움이었고) 수에즈에서 영국군을 몰아내기 위한 게릴라전은 계속되고 있었다. 그러나 이집트 게릴라들은 수에즈를 확보할 만큼 강하지 못했고 영국 역시 방어하는 수준 이상의 진전을 보일 수 없었다. 빼앗고자 하는 측은 부족했고 안 빼앗기려는 측의 역량도 딱 거기까지였다. 1954년 나세르는 게릴라전을 멈추고 런던에서 영국과 협상에 들어간다. 1954년 10월 협상이 타결된다. 1956년까지 영국군의 완전 철수 그리고 수에즈 운하는 이집트 군과 영국 민간인이 공동 관리하는 것이었다. 철군의 조건으로 영국은 이집트가 나토 가입을 안 하는 대신 이집트가 다른 나라로부터 공격을 받을 경우 자동으로 개입한다는 조건부 군사동맹을 제시했다. 그러니까 문제가 생기면 영국은 이집트에 대해 우선적인 권리를 주장하는 것으로 다른 열강들의 이집트 개입을 원천적으로 차단하고 싶었던 것이다. 협상 타결 직후 이집트 여론이 들끓는다. 언론은 매국적인 협상이라고 날선 비판을 쏟아냈고 군부에서도 항의가 들어왔다. 이 협상은 나세르의 복잡한 노림수였다. 협상을 반대하며 무슬림 형제당은 알렉산드리아에서 열린 군중집회에서 나세르에게 총탄을 선물한다. 그러나 총탄은 그를 비껴갔고 나세르는 이를 정적 제거의 빌미로 활용한다. 반 나세르 세력이 일망타진되었고 무슬림 형제당이 와해되었으며 결정적으로는 나기브를 사건에 연루시켜 영구히 실각하게 만들었다. 이래저래 나세르만 재미를 본 협상이었다.

이집트와 나세르에 대해 왜 이렇게 서술이 긴지 의아할 수 있겠다. 역사에는 보편성과 개별성이 혼재되어 나타나며 이를 통해 왜 누군가는 성공하고 누군가는 실패했는지 비교하는 재미를 즐길 수 있기 때문이다. 이집트에서 벌어진 일련의 사태들 그러니까 구체제의 모순 그리고 구정부의 부패와 군부의 등장은 1945년 이후 해방된 나라들에서 보편적으로 보이는 현상이다. 1945년부터 1965년까지는 말 그대로 쿠데타의 전성시대였고 아시아, 중동, 아프리카에서 수많은 무혈, 유혈 혁명이 벌어졌다. 그러나 결과는 대부분 좋지 않았다. 개인적인 탐욕과 이기심 그리고 무능으로 쿠데타 지도자들은 대부분 이전보다 더한 독재자가 되거나 다음 선수에 의해 끌려 내려왔으며 네이션 빌딩(국가 만들기)은 계속해서 현실에서 멀어졌다. 여기에는 미국과 소련이라는 양대 세력의 힘겨루기도 한몫을 했다. 국제 정치에 미숙했던 혁명 지도자들은 양쪽의 협박과 회유에 제대로 대응하지 못했고 이는 결국 국가 전체의 손실로 이어졌다. 이를 적당히 만족시키면서 근대화에 성공한 군사 쿠데타로는 이집트의 나세르 쿠데타, 터키의 케말 파샤 쿠데타 그리고 대한민국의 박정희 쿠데타 등이 꼽힌다.

나세르는 정권 장악과 집권 후 통치는 전혀 다른 문제라는 것을 알고 있었다. 성공적인 사회혁명이 뒤따르지 않는 한 군부 정권의 수명은 장담할 수 없었다. 나세르가 집중한 것은 농지 개혁이었다. 1954년까지만 해도 농지를 보유한 농민은 극소수에 불과했다. 2천여 명에 불과한 대지주들은 경작이 가능한 토지의 대부분을 소유하고 있었고 높은 소작료로 농민들을 착취했으며 수확물의 판매까지 도맡아 막대한 이익을 챙겼다. 나세르는 토지 소유 상한선을 24만 평(793,388㎡)으로 제한하고 나머지는 정부가 사들여 1인당 최대 6천 평까지 분할 매각했다. 지주 계급은 보상받은 땅값으로 수익성이 높은 사업에 투자했고 자본가 계급으로 진화했다. 빈부격차는 여전히 그대로였다. 나세르는 자유시장경제와 개인기업 같은 자본주의적인 요소에는 흥미가 없었다. 대신 계획경제와 국유산업에 더 비중을 두게 되는데 이는 장기적으로 이집트를 망치는 요인으로 작용한다. 농지개혁을 그 자체 하나만 봐서는 곤란하다. 자기 땅을 가진 농민들이 먹고 사는 문제가 아니라 그 땅에서 발생한 수익으로 자식들을 교육시켜 다음 세대에서라도 신분 울타리에서 탈출하는 연계된 프로세스로 봐야 한다. 하나 더. 여기에는 산업화라는 것이 병행되어야 프로세스가 완결된다. 고등교육은 받았지만 정작 취업할 곳이 없다면 이는 오히려 사회불안으로 이어지기 때문이다. 농지개혁 → 교육 혁명 → 산업화라는 지금은 너무나 당연한 공식을 당시의 나세르는 이해할 수 없었을 것이다.

이집트의 군사력은 여전히 허약했다. 중립이라는 애매한 위치에 서 있는 이집트를 도와줄 나라는 없었다. 미국 아이젠하워 행정부는 중동지역에서 이집트가 주동이 되어 나토 비슷한 것을 꾸려주길 바랐다. 그런 식으로 비非아랍국과는 엮이고 싶지 않았던 나세르는 소련과 접촉을 시작한다. 소련은 이집트와 면화와 자신들의 전차, 전투기를 교환하는 조건을 제시했다. 1955년 9월 나세르는 소련과의 무기거래 협정에 서명한다. 긴장 혹은 약간 분개한 미국은 나세르에 접근한다. 소련에 이집트를 넘겨주기는 싫었던 것이다. 미국은 경제 원조카드를 꺼내들었고 나일 강의 범람으로 번번이 농사를 망치는 이집트는 아스완댐 건설에 미국의 제안을 이용하고자 한다. 그러나 2억 달러로 책정된 차관의 내용이 문제였다. 재정에 관한 한 미국, 영국과 상의할 것 그리고 소련의 원조를 거부할 것 등의 문제 조항으로 협상은 길어진다. 지루한 협상 끝에 먼저 손을 털고 나가 버린 것은 미국이었다. 미국은 이집트 경제의 허약과 나세르 정권의 불안정을 이유로 들었고 1956년 7월 아스완댐 계획을 아예 파기시켜 버린다. 이어진 나세르의 조치는 파격적인 수에즈 운하 국유화였다. 수에즈 운하의 공동 관리자였던 영국과 프랑스는 반발하고 아랍 세계는 열광한다. 나세르는 아랍 민족주의의 상징이자 이집트 독립운동의 기수로 떠오른다. 예상하긴 했지만 수에즈 운하를 둘러싼 서방의 반발은 예측 그 이상이었다. 수에즈 운하를 이용하는 48개국 가운데 18개국이 수에즈 운하를 국제적 관리로 되돌려 놓으라는 성명을 발표한다. 나세르는 수에즈 운하 문제를 외교적으로 풀고 싶었다. 가능한 한 이집트에 유리하게 타협할 생각이었지만 그 계산은 너무나 자기중심적이고 순진했으며 이기적이었다. 나세르는 중동 주둔 영국, 프랑스 병력의 효율성을 너무 낮게 평가했고 이스라엘이라는 변수를 고려하지 않았다. 더구나 프랑스는 수에즈 운하 문제에 더해서 이집트가 프랑스의 또 다른 식민지인 알제리 독립 투쟁에 무기를 지원하고 있다는 사실에 혈압이 많이 오른 상태였다. 범아랍주의에 포위된 이스라엘의 불안감 역시 최고조로 상승해 있었다. 언제 터져도 이상하지 않은 전쟁, 수에즈 분쟁은 그렇게 해서 1956년 10월 29일 이스라엘의 선공으로 시작된다. 제 2차 중동전쟁이다.

이스라엘의 기갑 부대는 가자 지구로 밀고 들어와 이집트 군을 무력화시키면서 순식간에 시나이 반도를 점령했다. 다음 날인 10월 30일 영국의 전폭기들이 이집트 군 비행장을 초토화한다. 소련제 비행기들은 한번 제대로 날아보지도 못한 채 화염에 휩싸인다. 영국, 프랑스 연합군은 수에즈 운하 초입에 위치한 포트사이드에 상륙하고 이스라엘 군은 시나이 반도를 가로질러 수에즈 운하의 동쪽 기슭을 장악했다. 당황한 나

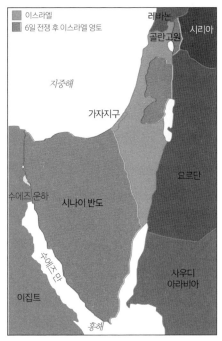

이스라엘
6일 전쟁 후 이스라엘 영토
레바논
시리아
골란고원
지중해
가자지구
요르단
수에즈 운하
시나이 반도
사우디
아라비아
이집트
수에즈 만
홍해

2차 중동전 당시의 강역. 이스라엘 입장에서는 생존전쟁, 영국과 프랑스에게는 아랍에서 막강한 독재자가 나오지 못하도록 미리 싹을 자르는 예방전쟁의 성격이 강했다

세르는 소련에 구원의 눈길을 보냈지만 소련은 헝가리 반공 폭동 등 동유럽 문제로 또 다른 전선에 개입할 여력이 없었다. 미국 역시 영국과 프랑스의 수에즈 침공이 마음에 들지는 않았지만 오랜 우방국들과 사이가 틀어지는 것은 원치 않았다. 최종적으로 아랍 국가들은 이집트를 도울 체력이 없었다. 사태가 반전된다. 영국, 프랑스 같은 강대국이 '겨우' 이집트 수준의 나라를 힘을 합쳐 침공했다는 사실에 국제 여론이 비난으로 들끓기 시작한 것이다(참으로 운 좋은 나세르). 명분이 생기자 미국은 모든 적대 세력의 즉각 철수를 요구했고 국제 연합에서도 같은 내용의 결의안을 발표한다. 심지어 영연방 국가들조차 영국에 등을 돌린다. 최

후통첩으로 미국은 소련이 무력을 사용해도 영국과 프랑스를 돕지 않겠다는 극단의 카드를 날린다. 영국과 프랑스의 행동은 이제 벗어버려야 할 낡은 식민정책의 연장이었고 당연히 도덕적 정당성은 결핍인데다 자본주의 진영의 이런 무례한 행동은 독립을 하거나 독립을 준비 중인 식민 국가들의 지향점을 죄다 공산국가로 돌릴 수도 있다는 판단에서였다. 1957년 3월 이스라엘군이 시나이 반도에서 철수하면서 2차 중동전쟁은 종결된다.

전쟁의 결과로 영국과 프랑스는 수에즈 운하의 소유권을 완전히 상실했다. 미국은 2차 대전 이후의 진짜 패권국이 누구인지를 전 세계에 보여줬다. 이집트는 전쟁에서는 지고 세계 여론이라는 국제 법정에서는 승리했다. 당연히 가장 덕을 본 것은 나세르였다. 그는 아랍 세계의 영웅이 되었고 이집트 안에서는 파라오에 근접하는 존재가 되었다. 이집트인들은 정부의 검열과 전화 도청을 기꺼이 받아들였다. "위대한 영도자이자 위대한 창조자요 모든 것을 지배하는 천재이시며 우리의 진정한 하인이시다" 같은 낯 뜨거운 찬사들이 태연하게 쏟아졌다. 전쟁의 결과로 이집트는 아랍 세계에 확실하게 편입되었다. 이집트를 두고 아프리카 국가니 지중해 국가니 시비 거는 목소리도 사라졌다. 아랍 세계 대부분 국가들의 지배자였던 영국, 프랑스와 싸웠고 특히 아랍의 공적인 이스라엘과 홀로 맞선 나라 아닌가. 인기 절정의 나세르는 아랍의 정치적 통일을 주장한다. 서구 세계의 지배를 받아온 공통의 역사 앞에서 사우디아라비아와 요르단, 이라크의 갈등 같은 건 사소한 불화이고 아랍 세계는 이를 뛰어넘어 대동단결함으로써 서구 열강과 이스라엘에 맞서야 한다는 논리였다. 이 떡밥에 낚인 것이 시리아였다. 시리아의 지정학적 환경은 별로 아름답지 않다. 남쪽으로는 이스라엘, 북쪽에는 친 서방국가인 터키, 동쪽에는 이라크가 버티고 있는 상황에서 시리아는 갈 길을 잃고 방황하고 있었다. 시리아에는 공산주의 정당인 바아스(부활이라는 뜻)당이 있었는데 공산주의 정당임에도 불구하고 소련에 쏠리는 대신 자결 원칙과 완전한 독립을 고수하고 있었다. 1958년 정권을 잡은 바아스당은 이집트에게 동맹을 제안한다. 아니 동맹을 넘어 아예 나라를 합치자는 획기적인 제안이었다. 1958년 2월 이집트와 시리아에서 동시에 실시된 투표에서 99.9%의 찬성으로 '통일 아랍 공화국UAR' 수립이 확정된다. 대통령은 당연히 나세르였다. 그러나 인구가 월등히 많고(2020년 기준으로 보면 이집트는 랭킹 14위의 1억 2천만 명 인구 강국이고 시리아는 1천7백만 명으로 68위다. 통일 아랍 공화국 당시에도 사정은 비슷했을 것이다) 면적도 넓어 이집트가 사실상 지배자의 노릇을 하는 기형적인 체제였다. 결국 1961년 시리아에서 군부 쿠데타가 일어나면서 독립을 선언하는 것으로 3년 동거는 끝이 난다. 참 이상한 실험이었다.

1962년 이집트는 정식으로 사회주의 국가임을 선포한다. 나세르는 이집트의 사회주의화를 자신의 취향이 아닌 역사적 불가피성이라고 주장했다. 속을 들여다보면 우리가 일반적으로 생각하는 사회주의도 아니었다. 종교 활동에 제한이 없었고 이집트 경제 전체의 절반이 개인 소유였다. 나세르의 사회주의는 친 소련 국가 이상의 의미는 없었다. 그러나 수에즈 전쟁 이후 이집트의 현실은 별로 아름답지 못했고 제자리 혹은 추락하는 중이었다. 여전히 농업 국가였으며 경제적 불평등은 심각했고 관료주의는 기승을 부렸다. 나세르는 오랜 시간에 걸친 과도한 업무로 심신이 골고루 지쳤고 자신감과 쾌활함을 잃었으며 대신 의심이 많아졌다. 자연스럽게 '인人의 장막'이 쳐졌고 충성이 아니라 찬양만을 늘어놓는 저질 행정부가 되어갔다. 그 대표적인 인물이 다음으로 권력을 이어받는 안와르 사다트였다. 수에즈 전쟁 이후 이집트와 이스라엘은 전쟁도 평화도 아닌 어정쩡한 상황에 놓이게 된다. 그러나 이집트와 PLO(Palestine Liberation Organization 팔레스타인 해방 기구)의 산발적인 기습 공격과 이스라엘의 보복으로 아슬아슬한 상황은 계속 이어졌고 결국 3차 중동전으로 분쟁의 결실(!)을 맺는다.

19.
다윗과 골리앗의 싸움 6일 전쟁

1967년 6월 5일 영화 같은, 거짓말 같은, 기적 같은 전쟁이 벌어진다. 건국 20년이 채 되지 않은 신생국가 이스라엘이 이집트, 요르단, 시리아를 공격해 6일 만에 항복을 받아낸 것이다. 전 세계는 놀라움을 감추지 못했다. 승리도 승리거니와 변수 만발의 전쟁을 원래 계획대로 끝냈다는 사실에 군사 전문가들은 혀를 내둘렀다. 이스라엘이 6일짜리 전쟁을 기획한 것은 안식일을 지키기 위해서였다는데 6월 5일이 마침 월요일이라 더욱 그럴싸하게 들린다. 그러나 유대인들의 안식일은 토요일이다. 안식일을 지키기 위해서였다면 그 전날인 6월 4일에 공격을 개시했어야 맞다. 이스라엘이 전쟁의 전체 일정을 짧게 잡은 것은 2차 중동전쟁의 여파로 국제 여론이 이스라엘에게 싸늘했기 때문이다. 전쟁 발발 시 UN의 개입은 너무나 당연했고 UN이 개입하는 순간 이스라엘은 모든 작전을 중단해야 하는 상황이 올 수도 있었다. 단기전으로 최대한 효과를 얻는 것 그것이 이스라엘의 목표였다.

평화를 깨면서 벌어진 전쟁은 아니었다. 2차 중동전은 깔끔하게 마무리 되지 않았고 덕분에 소규모 분쟁과 전투가 보복의 형태로 계속 이어졌다. PLO의 테러 활동에 짜증이 난 이스라엘이 1개 여단을 투입해 PLO의 근거지인 요르단의 엣 사무 마을을 초토화한 것은 유명한 일이다. 이스라엘이 농업용수 확보를 위해 진행하던 사업을 요르단 공병 부대가 방해하자 이스라엘이 보복 공격에 들어가기도 했다. 전쟁 발발 2개월 전에는 국경 지역에서 이스라엘 공군과 시리아 공군이 맞붙었다. 이스라엘 피해 없음, 시리아 공군 전투기 6대 격추의 참담한 패배였다. 중동지역의 불씨에 부채질을 한 것은 소련이었다. 당시 소련은 중동지역에 전쟁이 임박했단 루머를 계속해서 흘려보내고 있었는데 시리아를 장악하고 있던 공산주의 정당 바아트당의 입지를 강화하기 위한 정보전이었다. 루머는 더 큰 루머로 이어진다. 이스라엘이 전쟁을 일으킬 것이라는 소문에 예민해진 것은 이집트다. 이집트는 시나이 반도를 비롯해 이스라엘과의 국경지역에 병력을 강화했다. 5월 22일 나세르는 이스라엘로 들어가는 해상 관문인 티란 해협을 봉쇄했다. 그러나 나세르의 의도는 전면전까지는 아니었다. 국내의 어수선한 분위기를 차단하고 이집트를 중심으로 아랍을 통합하려는 정치적인 의도였으나 상대방인 이스라엘은 그렇게 받아들이지 않았다. 이집트, 요르단, 시리아가 아랍연합 사령부를 창설하고 국경 지역에서는 대규모의 군사 증원이 이루어지는 것을 삼면이 적으로 둘러싸인 이스라엘이 느긋하게 바라본다는 것은 애초부터 불가능한 일이다. 어쩌면 중동전쟁의 3라운드인 6일 전쟁은 아랍의 정치적 도발에 이스라엘이 기대 이상으로 반응하면서 벌어진 아랍의 자충수였을지도 모르겠다.

아랍권이 전쟁전략이라면 이스라엘은 기본적으로 생존전략이다. 인구는 적고 대가족 중심의 사회구조라 인명피해에 민감하다. 애초부터 최소의 피해로 전쟁을 수행하는 단기전이 이스라엘의 전략이 될 수밖에 없었다. 이스라엘에도 매파와 비둘기파가 있다. 주전파主戰派에게 힘을 실어준 것은 이집트의 티란 해협 봉쇄였다. 봉쇄로 인해 아카바 만의 엘라트 항구로 들어오는 석유수입이 중단된 것이다. 이스라엘은 전시 내각을 꾸렸고 1, 2차 중동전의 영웅 모세 다얀이 국방상에 취임한다. 그는 전쟁 전 인터뷰에서 당시의 정세를 '너무 늦고 너무 이르다'라는 묘한 말로 설명했다. 봉쇄를 풀기위한 군사적 행동을 하기에는 너무 이르고 외교적인 방법을 통해 해결책을 찾기에는 너무 늦다는 얘기였는데 결국 전쟁을 피할 수 없다는 설명을 돌려 말한 셈이다. 늦는 것보다는 이른 게 이스라엘에게는 당연했으므로. 이스라엘의 전쟁 계획은 공군의 기습 공격으로 제공권을 장악하고 지상군은 군사력이 강한 이집트, 요르단, 시리아 순으로 아랍 동맹군을 각개격파 하는 것이었다. 전술적인 측면에서 보면 영국의 군사 이론가인 바실 리델 하트의 간접접근전략을 수용한 것이었는데 한마디로 적의 저항을 감소시켜 최소의 전투로 승리를 달성하는 것을 의미한다. 물리적 교란과 심리적 교란이 동시에 진행되며 적에게 이미 전쟁에서 졌다는 패배의식을 심어주는 것이다. 여기에 대용목표alternative objectives라는 개념이 더해지는데 공격하는 입장에서 일정한 군사적 목표를 달성한 후 다음 공격의 다양한 가능성을 확보해 방어하는 쪽을 혼란에 빠트리고 전력을 분산시키는 것이다.

이스라엘의 최초 공격은 오전 7시 45분의 이집트에 대한 공군 기습이었다. 7시 45분은 이집트 공무원들과 군 지휘관들이 출근하는 시간이었고 레이더 기지와 방공 기지 근무자의 주, 야간 근무자가 교대를 시간이었으며 이집트 공군의 초계 비행사들이 복귀 후 아침식사를 하는 시간이다. 인적으로 완벽하게 무력한 시간대를 고른 것이다. 비행항로도 최단거리 직진이 아닌 지중해를 크게 우회하는 길을 선택했다. 이집트의 레이더 기지와 방공망을 피하는 동시에 이스라엘 인근 지중해 상에 파견된 제 3국 군함들의 감시망에서까지 벗어나기 위한 것이었다. 그리고도 마음이 안 놓여 이스라엘 공군은 지중해 해수면을 초근접 비행으로 주파했다. 감시를 피하는 것에는 최적의 비행이었지만 대단히 위험한 방식이었다. 긴 시간 수면 위로 비행을 할 경우 조종사들이 하늘과 바다에 대한 버티고vertigo라는 착시 현상을 일으켜 바다로 추락할 위험이 높아지기 때문이다. 게다가 보안을 위해 전투기 간의 무선통신도 꺼놓은 상태였다. 이스라엘 공군이 얼마나 치밀하고 강도 높은 훈련을 했는지 짐작할 수 있는 부분이다. 이집트 공군 기지를 공격하는 과정에서도 이스라엘은 상대가 반격할 수 있는 시간적 여유를 주지 않았다. 1차 공격대가 비행장을 폭격하는 동안 2차 공격대가 목표 지역에 접근했고 3차 공격대는 이스라엘 공군 기지를 이륙했다. 폭탄을 다 쏟아 부은 1차 공격대가 빠지는 것과 맞물려 2차 공격대가 폭탄을 투하하고 이어 3차 공격이 이어지는 동안 기지로 귀환했던 1차 공격대가 다시 폭탄을 싣고 목표 지점으로 접근하는 방식이었다. 이런 식으로 이스라엘 공군기들은 첫날 평균 7회를 출격했고 폭격과 폭격 사이의 간격은 15분을 넘지 않았다. 이집트군은 피해 상황을 점검할 틈도 없이 속수무책으로 하루 종일 공격을 허용한 셈이다. 3시간여에 걸친 폭격으로 이집트 공군은 300여

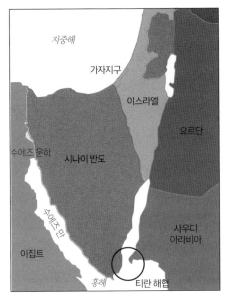

지중해

가자지구

이스라엘

요르단

수에즈 운하

시나이 반도

수에즈 만

사우디
아라비아

이집트

홍해

티란 해협

이집트가 봉쇄한, 이스라엘로 들어가는 해상 관문 티란 해협. 석유가 들어오는 길을 차단당한 이스라엘 입장에서는 전쟁을 선택할 수밖에 없었다

대의 항공기를 잃었다. 공군력의 무려 80%가 싸워보지도 못하고 고철이 된 것이다. 레이더 기지가 엉망이 된 것은 물론이다. 이날 공격으로 이후 6일 전쟁의 전 기간 동안 이스라엘은 압도적인 우세로 제공권을 장악하게 된다.

육전에서도 이스라엘군은 빠른 기동전으로 이집트 군을 무력화했다. 이스라엘 육군의 전략은 위장과 기만전술이었다. 이집트군은 2차 중동전 때 이스라엘이 시나이 반도 남쪽을 뚫고 들어온 기억을 되살려 중앙과 남부 전선에 주력을 배치했다. 이스라엘군의 공격을 막아낸 후 이스라엘 영토를 관통해 요르단과 연합 작전을 수행한다는 계획이었다. 이스라엘군은 전쟁 이전 대량의 모의 장비들을 이스라엘 남부 네게브 사막으로 이동시켰고 전쟁이 시작된 후 가장 먼저 공격한 방향 역시 시나이 남부로 가는 길목이었다. 그러나 이는 주공을 속이려는 이스라엘의 기만작전으로 진짜 진격방향은 북부 전선이었다. 이스라엘의 기만작전에 말린 이집트는 그들의 가장 막강한 기갑부대를 남부로 돌렸다가 전투 기간 내내 주력이 제대로 기동을 못하는 상황을 연출한다. 이스라엘군은 전차 부대가 통과하기 어려운 그래서 상대적으로 방비가 허술한 라파 지역 남쪽 모래 언덕을 치고 들어갔다. 적이 예상하지 못하고 당연히 준비도 부실한 곳을 공격한 것이다. 이집트군은 무너지기 시작한다. 이스라엘군은 서쪽 퇴로까지 모조리 차단했고 이집트군은 심리적인 붕괴 상태에서 무질서하게 후퇴한다. 전투력이 남아있던 부대가 통째로 항복하는가 하면 아예 장비를 버리고 도주하는 부대까지 속출했다. 이스라엘 군과의 교전에서 사망한 병사는 2천 명이었지만 후퇴 도중에 사망한 이집트 병사는 1만 명에 달했다. 이스라엘의 원래 계획은 수에즈 운하에서 진격을 멈추는 것이었다. 그러나 전투에서 승기를 잡을 경우 계획은 전장에서 잘 통제가 안 된다. 이스라엘 현장 지휘관들은 모세 다얀에게 수에즈 운하를 넘어 진격하겠다고 건의인지 통보를 했고 모세 다얀은 계획을 수정할 수밖에 없었다. 결국 이스라엘군은 수에즈 운하를 건넜고 이집트의 수도인 카이로 100km 지점까지 진격한다.

요르단은 다른 지역보다 뒤늦게 교전이 벌어졌다. 첫 전투는 6월 5일 정오부터였는데 주로 사막과 불모지가 배경이었던 시나이 전투와는 달리 도시와 마을에서 진행된 것이 특징이다. 이스라엘에게 요르단과의 전쟁은 단순히 승리를 목적으로 하는 차원을 넘어 역사적, 종교적으로 큰 의미가 있는 싸움이었다. 이스라엘은 무엇보다도 예루살렘과 그 주변 지역을 완전히 확보하는 것을 가장 큰 원칙으로 삼았다. 부수적으로 얻어지는 효과는 이스라엘 주요 도시들을 겨냥하고 있는 요르단 장사포로부터의 해방과 경제 활동의 중심지 차지함으로써 발생하는 현실적인 이익이었다. 요르단 강 서안지구에서 시작된 전투는 다소 지루하게 진행되었지만 전쟁 이틀째인 7일부터 이스라엘군의 공격 강도가 높아지면서 개전 50시간 만에 이스라엘의 승리로 끝난다. 이스라엘군은 요르단의 수도 암만에서 50km 떨어진 곳에서 진격을 멈춘다. 모세 다얀은 예루살렘의 통곡의 벽 앞에서 다시는 아랍 국가들에게 이곳을 빼앗기지 않겠다고 선언했다.

이스라엘 북쪽에서 치러진 시리아와의 전투는 이집트, 요르단보다는 강도가 확연하게 낮았다. 정치 불안으로 시리아는 총 9개의 전투 여단 중 2개 여단을 수도인 다마스쿠스에서 일어날지 모르는 반정부 투쟁에 대비하여 묶어놓아야 하는 처지였다. 한마디로 전쟁을 할 만한 체력 자체가 안 되는 상황이었다. 믿을 것은 오직 천혜의 진지였던 골란 고원 방어진지였다. 해발고도 500m의 바위산에다 철조망으로 둘러싸인 두꺼운 콘크리트 요새는 말 그대로 철벽방어가 가능한 곳이었다. 그러나 이집트, 요르단과의 전투에 투입되었던 병력들이 시리아 전선으로 집결하면서 사정이 달라진다. 이스라엘의 골란 고원 확보는 애초에는 없었던 일정이었다. 시리아와의 전쟁이 확전될 여지도 물론 소련의 개입까지도 우려했기 때문인데 이집트, 요르단이 생각보다 빨리 항복하고 상황이 유리하게 돌아가면서 모세 다얀은 과감하게 '고'를 부른다. 이스라군 2개 여단이 남쪽과 북쪽에서 협공을 시작했고 결국 골란 고원을 손에 넣는다. 내친 김에 다마스쿠스 60km 지점까지 진격하는 것으로 이스라엘의 공격은 마무리된다. 문제는 이 골란 고원이 애초 UN이 이스라엘과 팔레스타인에게 분할 해준 영토가 아니라 엄연히 남의 땅이었다는 사실이다. UN과 소련은 이를 문제 삼아 골란 고원 반환을 요구했지만 이스라엘은 이 중요한 전략적 요충지를 포기할 수 없었다. 이후 골란 고원은 이스라엘과 시리아의 분쟁을 촉발하는 원인으로 남게 된다. 소련이 끝까지 반환을 주장하지 못한 것은 직접 개입이 없이는 이스라엘의 양보를 얻지 못할 것이고 이는 미국의 개입으로 이어질 것이라는 불안 때문이었다. 소련은 이스라엘에게 정전 요구를 강하게 밀어 붙이는 것 정도의 영향력밖에 행사할 수 없었다.

1967년 6월 11일 이스라엘은 이집트, 요르단, 시리아와 휴전 협정을 맺는다. 정말 꿈같은 일주일이었다. 이스라엘에게는 달콤했고 아랍 세계에는 악몽이었던 3차 중동전을 통해 이스라엘은 시나이 반도와 가자 지구, 요르단 강 서안지구, 골란 고원을 차지했다. 기존 영토의 무려 3배에 달하는 땅이었다. 단순한 영토 확장이 아니었다. 이전까지 이스라엘은 언제 있을지 모르는 아랍의 침공에 발을 뻗고 자지 못했다. 그러나 이제는 동쪽, 북쪽, 남쪽으로 완충지대가 생긴 것이다. 아랍 연맹을 격파했다는 물리적 자신감과 심리적 안정감 그리고 동예루살렘까지 완전히 확보했다는 종교적 만족감으로 이스라엘은 기세등등해졌다. 반면 아랍 민족주의의 자존심은 뭉개졌다. 특히 이집트의 위상은 바닥으로 추락했다. 전쟁에서 대책 없이 밀린 것만이 문제가 아니었다. 개전 초기부터 이

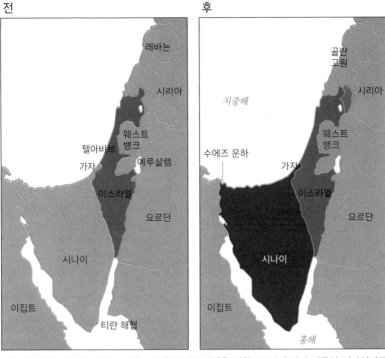

전 / 후

3차 중동 전쟁 이후의 지형도. 겨우 6일 동안 이스라엘은 이집트로부터 가자 지구와 시나이반도
를 요르단으로부터 동예루살렘과 웨스트뱅크를 시리아로부터 골란 고원을 획득했다. 이 전쟁으로
1만여 명의 시리아인과 30만여 명의 팔레스타인인이 난민 신세가 되었다. 보복으로 아랍 세계에
서는 소수의 유대 공동체가 축출되어 이스라엘과 유럽으로 이동했다

집트 정부는 거짓방송으로 전황을 속였다. 3시간 만에 공군주력을 상실
하고도 태연하게 이스라엘공군을 무력화시켰다고 자랑했으며 지상에
서도 적을 몰아붙이고 있다고 발표해서 시리아의 군사적 오판을 초래했
다. 나세르는 텔레비전 방송을 통해 사임의사를 밝혔다. 이집트 국민들
은 거리로 쏟아져 나와 "안 돼요. 나세르"를 외쳤다. 나세르는 다시 대
통령직을 복귀했지만 예전 아랍 영웅의 모습은 더 이상 찾아볼 수 없었

다. 군사력 재건을 위해 소련에 구차하게 손을 내밀어야했고 평소 마땅
찮게 보았던 친 서방 아랍 지도자들을 만나 도움을 청하는 지경에 이르
렀다. 그의 마지막 업적은 1970년 9월, 내전을 치루고 있던 요르단의 후
세인 왕과 PLO 사이의 휴전을 성사시킨 것이다. 카이로 비행장에 나가
각국 대표단을 환송하고 돌아오는 길에 나세르는 심장마비로 사망한
다. 그의 유해는 카이로 교외에 안치되었고 실패한 일들은 잊혀졌다. 미
국과 소련 사이에서 오락가락한 그의 오판은 이집트가 선진국으로 갈 수
있는 통로를 막았다. 그거야 이집트 밖에서 보는 타인의 시선이고 이집
트인들에게 나세르는 아직도 국가 독립의 영웅이자 아랍 민족의 선지자
로 기억되고 있다

20.
4차 중동전의 손익 계산서

　1973년 발발한 4차 중동전쟁은 아랍의 복수혈전이었다. 전쟁이 일어난 10월 6일이 '욤 키푸르'라는 유대교 전통의 속죄일이라 보통 욤 키푸르 전쟁이라고도 한다. 나세르의 뒤를 이은 안와르 사다트는 전임자의 실패를 반복하지 않았다. 그는 융통성이 있었다. 무턱대고 서방 세계에 적대적이지도 않았고 그러면서도 소련 군사고문단을 초빙해 내실을 다졌다. 이집트 군 개혁은 사다트의 초반 핵심 사업이었다. 그는 장교들이 병사들을 하인처럼 부리는 악습을 군에서 몰아냈으며 대학생들을 장교로 임명하는 등 새로운 피의 유입으로 이집트 군을 젊게 만들었다. 이유는 딱 하나, 잃어버린 시나이 반도를 되찾기 위한 기초 작업이었다. 몇차례에 걸친 반환협상에도 불구하고 이스라엘은 시나이 반도를 내놓지 않았다. 결국 사다트는 전쟁을 결심하고 파트너로는 시리아를 선택한다. 사다트는 이스라엘이 6일 전쟁에서 구사했던 기만 작전을 벤치마킹했다. 그는 툭하면 전군 동원령을 발동했고 수에즈 운하 근처에서 기동훈련을 실시해 이스라엘을 긴장시켰는데 그때마다 이스라엘은 덩달아 소집령을 내려야했다. 인구가 적은 이스라엘에게 이는 고문이나 다름

없었다. 당시 이집트 인구는 4,500만 명 안팎이었고 이스라엘의 인구는 380만여 명에 불과했다. 이스라엘이 예비군 소집에 걸리는 시간은 72시간으로 사흘이 소요되었고 그렇게 모인 병력은 35만 명 수준이었다. 이 병력은 주요 경제활동 인구와 겹치기 때문에 반복해서 소집령이 떨어질 경우 이스라엘 경제는 마비가 된다. 사다트는 이 점을 노리고 있었다. 이스라엘의 진을 빼기 위해 그리고 경계심을 누그러뜨리기 위해 반복한 동원령으로 사다트는 이집트 군의 전투 훈련과 기만 작전 성공이라는 두 마리 토끼를 잡는다. 일종의 양치기 소년 작전이었다.

그렇다고 이스라엘이 전혀 대비를 안 한 것은 아니었다. 이스라엘은 수에즈 운하를 지키기 위해 바레브 방벽이란 걸 쌓았는데 한마디로 말해 거대한 모래성이었다. 길이 165km에 높이가 20m에 달하는 이 모래성벽은 건설비로만 당시 비용 3억 달러가 들어간 엄청난 방어요새였다. 바레브 방벽만이 아니었다. 수에즈 운하 도하를 막기 위해 운하 바닥에 기름 호스를 연결했고 이집트 군이 도하를 위해 운하에 부교를 설치하는 순간 운하를 불바다로 만드는 1차 방어선을 구축했다. 그리고 바레브 방벽 뒤로는 30개에 달하는 철근 콘크리트 요새가 버티고 있었다. 이 요새는 전차가 포신을 위로 올릴 수 있는 앙각의 최대치를 넘어선 높이였고 안전하게 내려다보며 적의 공세를 저지할 수 있는 3차 방어선이었다. 이 3개의 방어선이 버티는 동안 공군이 출격해 적의 공세를 둔화시키고 그 사이에 소집된 예비군이 투입되는 프로세스가 이스라엘 군의 국토 수호 전략이었다. 그러나 이집트 군의 준비는 더 철저했다. 신속한 헬기 투입 작전으로 기름 탱크를 점령해 수에즈 운하 기름 호스를 무력화했고 바레브 방벽은 독일제 고압력 펌프를 이용해 뚫어버렸다. 물과 수압을 이용한 이 작전은 전쟁사에서도 가장 창의적인 전술로 꼽힌다. 3차 방어선인 철근 콘크리트 요새는 그 앞에 더 높은 요새를 쌓아 대포와 전차를 올려 무너뜨렸다. 막강한 이스라엘의 공군은 지대공 미사일과 대공포로 막았다. 폭격기가 높이 뜨면 지대공 미사일로, 낮게 날면 대공포로 쏘아대니 천하의 이스라엘 공군도 적절한 타격효과를 내지 못하고 주춤할 수밖에 없었다. 이렇게 해서 이집트군은 개전 사흘 만에 시나이 반도 대부분에서 이스라엘 군에게 승리를 거둔다.

시리아의 공격도 신속하기는 이집트군 못지않았다. 헬기를 이용한 대규모 특수부대는 전쟁 개시 한 시간 만에 골란 고원 내 헤르몬 산의 이스라엘군 진지를 점령했고 막강한 기갑부대는 이스라엘 기갑부대를 수적 우위로 돌파하며 요르단 강 인근까지 진격했다. 이스라엘은 당황한다. 이제껏 상대했던 물러터진 아랍 군대가 아니었다. 어디서 지옥훈련이라도 받고 왔는지 완전히 환골탈태한 새로운 군대였다. 다급해진 이스라엘은 일단 골란 고원 전투에 집중하기로 한다. 시나이 반도야 내주면 그만이었지만 시리아 전선은 골란 고원이 넘어가는 순간 이스라엘에 치명적인 위기가 닥치는 것이다. 확실히 이스라엘은 전쟁을 잘하는 나라였다. 우선순위에 따라 이스라엘은 가용병력의 대부분을 골란 고원에 투입했고 핵무기 조립을 시작했으며 미국으로 달려간 골다 메이어 총리는 닉슨 대통령을 붙잡고 눈물까지 흘렸다. 미국의 지원은 대대적으로 그리고 빠르게 이루어졌다. 여기에 박박 긁어모은 예비 병력까지 더해져 이스라엘은 닷새 만에 시리아 전선에서 전세를 역전한다. 반전을 노린 시리아 공군이 출격하지만 이스라엘 공군에게 무참히 패배했고 전황은 이스라엘군이 시리아의 수도 다마스쿠스로 진격하는 상황으로 전개된다. 그러나 더 이상의 진격을 용인하지 않겠다는 소련의 압력으로 이스라엘군은 멈칫할 수밖에 없었고 전선은 이제 시나이 반도 쪽으로 집중된다. 애초에 이집트 군은 수에즈 운하 탈환까지가 목표였다. 더 이상의 목표를 수립하기 어려웠던 것은 이스라엘의 핵무기와 미국의 개입 가능성 때문이었다. 수에즈 운하를 점령한 뒤 이스라엘과 적당히 협상을 들어가는 수순이었는데 시리아가 이집트의 계획을 망쳐버린다. 골란 고원 전투에서 힘에 부친 시리아가 이스라엘이 골란 고원에 더 이상의 병력을 투입하지 못하도록 이집트에게 계속 진격을 요청한 것이다. 이집트는 이스라엘로 진격을 개시했지만 결과는 좋지 않았다. 전열을 정비한 이스라엘 기갑 부대에게 내내 밀렸고 이스라엘군의 수에즈 기습 도하로 운하 남쪽에 있던 이집트 병력이 포위되는 상황까지 발생한다.

전쟁 개시 17일 차인 10월 22일 유엔의 1차 중재안이 발표되었고 안을 놓고 양측이 실랑이를 벌인 끝에 25일 휴전이 선언되면서 4차 중동전쟁은 종결된다. 승자는 누구였을까. 어쨌거나 나라를 지킨 이스라엘과 전후 협상에서 수에즈 운하와 운하의 동쪽 30km까지 확보한 이집트는 나름 성과가 있었다. 반면 결국 골란 고원을 되찾지 못한 시리아는 전쟁 후유증만 지독하게 겪었다. 참고로 시나이 반도는 1978년 캠프 데이비드 협정으로 완전히 이집트의 손에 돌아온다. 이스라엘이 시나이 반도를 포기한 것은 가치에 비해 유지비용이 너무 많이 들어가기 때문이었다. 반면 골란 고원은 고지대에서 이스라엘 영토를 내려다볼 수 있고 전략적으로는 요르단 강의 수원을 차단할 경우 이스라엘에게 치명적인 위협이 되기 때문에 결코 양보할 수 없는 땅이었다. 4차 중동전은 미국과 소련의 대리전쟁이기도 했다. 양국은 전쟁에 각각 30억 달러 가까운 돈을 쏟아부었고 무기 역시 이스라엘은 미국제, 이집트와 시리아는 소련제를 사용했다. 전쟁 이야기를 너무 길게 나열했다고 생각하실 수 있겠는데 1차 중동전을 제외한 나머지 3개의 전쟁은 세계 100대 전쟁에 들어가는 중요한 전쟁이기 때문이다. 그리고 그 전쟁은 아직도 계속되고 있기 때문이다. 어쩌면 영원히. 바로 팔레스타인 때문이다.

21.
억울한 팔레스타인

1차부터 4차까지 중동전쟁의 전개 과정을 보면 이상한 게 하나 있다. 이스라엘 건국과 맞물린 분쟁의 가장 중요한 당사자인 팔레스타인이란 존재다. 없다. 사라졌다. 그들의 목소리는 실종됐고 아랍 연맹 각국의 이익에 팔레스타인에 대한 배려 같은 건 없었다. 따지고 보면 이 팔레스타인만큼 억울한 나라도 없다. 멀쩡히 잘 살고 있던 땅에 이방인들이 나타나 2천 년 전 자기들이 살았던 곳이라며 이제 그만 나가달라고 하질 않나, 생판 들어본 적도 없는 UN이란 단체에서는 땅을 잘 나눠 분쟁을 없애준다더니 죄 황무지만 배정해주질 않나, 자신들의 권익을 되찾아주겠다며 주변 아랍국들이 전쟁을 벌이더니 오히려 자기네 땅인 가자 지구와 웨스트뱅크를 먹어버리질 않나. 게다가 웨스트뱅크와 가자 지구는 아예 전쟁의 주요 무대였다. 살 수가 없었다. 팔레스타인 사람들은 난리를 피해 요르단, 시리아, 레바논으로 일시적으로 피난을 가야 했다. 그러나 그들은 고향에 돌아오지 못했다. 이스라엘이 이들의 귀향을 봉쇄했기 때문이다. 팔레스타인 사람들은 미몽에서 깨어나기 시작한다. 아랍연맹의 지켜주겠다, 되찾아 주겠다는 약속은 외교적 수사에 불과했다. 이스라엘과 싸워봐야 얻을 게 없다고 생각한 아랍 연맹은 슬슬 팔레스타인 문제에서 발을 빼기 시작했고 그들의 존재를 부담스럽게 생각하기 시작했다. 팔레스타인은 1964년에 설립된 팔레스타인 해방 기구 PLO를 무장투쟁조직으로 재편한다. 1969년 요르단을 거점으로 반 이스라엘 투쟁을 벌였던 야세르 아라파트가 3대 의장에 취임한다. 아라파트는 예루살렘 출생으로 가자 지구에서 성장했고 이집트 카이로 대학에 입학한 후 정치운동에 투신한 인물이다.

　PLO의 활동은 이스라엘의 멸망을 목표로 한 무장투쟁이었다. 1968년 세계 최초의 테러 목적 항공기 납치 사건인 로마 발 텔아비브 행 이스라엘 항공기 납치도 이들의 작품이다. 1970년 요르단 민항기 4대를 납치한 주인공도 이들이었고 1972년 뮌헨 하계 올림픽을 피로 물들인 것도 이들이었다. 그 외에도 서방 국가에서 차량폭탄테러 등 숱하게 많은 테러를 감행했는데 관심은 끌었지만 호응은 얻지 못했다. 팔레스타인 문제를 국제적 이슈로 끌어내는 데는 성공했지만 단지 친 이스라엘이라는 이유만으로 저지른 테러들이라 국제적인 인식은 오히려 더 나빠진 것이다. PLO의 활동으로 빚어진 것이 요르단과 레바논 내전이다. 팔레스타인 난민들이 가장 많이 몰려든 요르단에서는 이들이 아예 자체 자치 국가를 세울 만큼 거대한 세력을 형성했다. PLO는 이스라엘보다 더 보수적인 요르단 왕이 문제라며 난데없이 남의 나라 국왕 타도를 외친다. 요르단은 영국의 외교정책에 의해 만들어진 나라로 인구의 구성이 제각각인 비민족주의 국가인 동시에 국가를 지배하는 왕실 지배층들은 요르단 출신이 아니라 아라비아 반도 출신이다. 당연히 정치적으로 불안한 나라였고 PLO의 발언으로 충분히 예민해질 수 있는 상황이었다. 1970년 카이로의 한 호텔에서 요르단 총리가 PLO에게 암살당하면서 요르단 후세인 왕은 국왕친위대에게 PLO를 소탕하라 긴급 명령을 내린다. 전투는 요르단 전역으로 확대된다. 거의 내전 상황에서 친 PLO 국가인 시리아는 육군을 요르단에 파견했고 미국은 항공모함을 파견해 요르단을 지원한다. 화력에서 밀린 PLO는 결국 요르단 내의 거점을 잃고 주력부대를 레바논으로 옮긴다.

정식 국호가 루브난 공화국인 레바논(영어식 표기)은 고대 로마와 지중해를 놓고 격돌했던 페니키아인들의 후예로 이후 바빌로니아, 페르시아, 로마 제국 등의 지배를 받았다. 고대 지중해 최대의 도시였던 티레, 시돈은 여전히 레바논에서 중요한 도시들이다. 영토는 작아서 대한민국 경기도와 비슷하다. 1차 세계 대전으로 오스만 제국이 해체되자 프랑스 제3공화국은 시리아와 함께 이곳을 위임 통치했고 1944년 주권을 돌려준다. 레바논 역시 구성자체가 복잡한 나라로 주권 회복 당시 인구 380여만 명에 기독교 4파, 이슬람 3파로 이루어진 모자이크 국가였다. 그러다보니 그 구성의 다수에 따라 대통령은 마론파 기독교(명상과 은둔을 중시하며 단성론을 지지한다), 수상은 수니파, 국회의장은 시아파, 부수상과 국회부의장은 그리스 정교에서 임명하는 것이 관례다. 레바논 정부는 1969년 PLO와 카이로 협정을 맺고 레바논 남부 지역에 PLO가 사실상 지배하는 팔레스타인 난민 밀집지역을 비공식 승인한다. 이 거점을 중심으로 PLO의 테러활동과 이스라엘에 대한 공격이 열심히 진행된다. 1974년 4월의 키아트 시모나 학살, 5월의 마아롯 학살 등이 이때 벌어진 대 이스라엘 테러활동이다. 이스라엘은 공군과 특수부대를 투입해 레바논 남부 및 베이루트를 수시로 공격했다. 이스라엘군의 개입은 레바논 내부 분쟁으로 이어지게 된다.

분쟁의 시작은 팔레스타인 난민 때문이다. 이들이 대거 레바논으로 대거 밀려들어오자 국민의 과반을 넘던 마론파 기독교인의 비율이 3분의 1 수준으로 급감한다. 기득권에 위기가 오자 마론파 기독교인들은 팔레스타인 난민 추방을 구호로 내걸고 팔랑헤 민병대를 창설한다(팔랑헤는 스페인의 파시즘 정당 이름에서 따왔다). 1975년 레바논 정부에서 마론파에게 어업권을 넘겨주자 이에 반발한 시아파 어민들이 즉각 저항운동에 돌입한다. 레바논군은 이를 무력으로 강제 진압했지만 이에 대한 반격으로 PLO 계열의 전사들은 기독교 마론파 팔랑헤당이 예배를 드리는 교회에 총탄을 난사했고 팔랑헤당 민병대가 응전한 끝에 27명이 사망한다. 교회 총격사건을 계기로 기독교와 이슬람교의 본격적인 내전이 시작된다. 외국인 관광객과 외교관의 납치가 빈발했고 중동의 파리라고 불렸던 레바논의 수도 베이루트는 전투와 범죄로 황폐해졌다. 결국 베이루트는 이슬람교도와 팔레스타인 난민이 많은 서西베이루트와 마론파가 거주하던 동東베이루트로 나누어진다. 상황이 심각해지자 레바논 정부는 시리아에 개입을 요청한다. 시리아는 당초 이슬람을 지원했지만 나중에는 종파 간 균형을 깨드리지 않기 위해, 솔직히는 레바논의 지속적인 분열을 위해 마론파를 지원했다. 시리아군의 개입으로 내전은 한때 진정되었지만 잠시였다. 계속해서 무력 분쟁이 발생했고 이스라엘이 베이루트를 침공하면서 상황은 더욱 악화된다. 이스라엘의 목표는 레바논에서의 PLO 축출과 마론파에 의한 친이스라엘 정권 수립이었다. 이 복잡한 정치 지형에서는 누구 하나가 개입하면 거기에 이권이나 불만이 있는 세력이 또 끌려 들어오는 자동의 프로세스가 작동한다. 이스라엘이 개입하자 시리아의 지원을 받는 이슬람과 이란의 지원을 받는 시아파 민병대가 이스라엘을 공격함으로써 내전은 또 다른 풍경으로 전개된다. 민병대는 마약 매매와 점령 지역에서의 세금 징수로 자금을 마련했고 하나의 독립된 정부로 기능을 하게 된다. 1980년대 들어 시리아 정부가 지배를 하고 있는 곳은 중앙은행 하나 정도가 전부였다. 이스라엘, 시리아, PLO의 개입은 15년간이나 이어졌고 레바논 전역은 너덜너덜해진다. 2000년 들어 종교 간 갈등으로 인한 내전은 종식되었지만 이번에는 친 시리아계와 반 시리아계 사이의 갈등으로 여전히 앞날이 보이지 않는다. 팔레스타인 문제는 이렇게 주변 지역을 물들여가며 끝없는 분쟁의 불씨를 남기는 영원한 화약고가 된다.

1974년 아라파트 의장은 이스라엘을 제외한 국제 테러에는 개입하지 않겠다는 온건노선을 천명한다. PLO는 아랍수뇌부 회의에서 팔레스타인 인민의 정당한 대표기관임을 인정받고 UN의 옵서버 자격도 얻었다. 이스라엘 입장에서는 말 같지도 않은 소리였다. 이스라엘은 이 모든 조치에 불만을 품고 PLO와의 대립각을 더욱 예민하게 세워나간다. 1976년 아랍연맹에 가입한 PLO는 그 해 전반에 걸쳐 이스라엘을 타도하는 유격전에 몰두했지만 성과는 신통치 않았다. 결국 PLO는 1988년 팔레스타인 독립국가 수립을 선포했으며 이스라엘을 인정하고 이스라엘 타도 노선도 포기한다. 1992년 아라파트는 이스라엘의 신임 총리 이

지중해

골란
고원 시리아

웨스트
뱅크

가자

이스라엘

요르단

이집트

팔레스타인은 2023년 현재 UN의 비회원 옵서버 국가다. 표결권은 없지만 주권을 가진 국가로는 인정한다는 의미다. 대한민국과 북한 역시 1991년 동시에 UN에 가입하기 전까지는 옵서버 국가였다

츠하크 라빈과 노르웨이 오슬로에서 비밀협상을 가진 후 이듬해 9월 오슬로 협약을 맺어 이스라엘과 공식 화친했으며 자치정부로서 웨스트뱅크(요르단 강 서안지구)와 가자 지구의 통치권을 인수한다. 그러나 가자 지구와 웨스트뱅크에서 팔레스타인 사람들의 삶은 전혀 행복하지 않다.

가자 지구는 면적이 364km²로 경상남도 남해군과 비슷하지만 인구는 2022년 현재 237만여 명(경기도 성남시와 용인시 거주 인구를 합친 수준) 무지하게 밀도가 높은 편이다(남해군은 47,244명으로 대도시 중심 대한민국

인구 분포를 감안하더라도 역시 비정상으로 높다). 원래 인구는 8만 명 정도였는데 지금의 이스라엘 영토 이곳저곳에 살던 팔레스타인 사람들이 쫓겨 와 이렇게 불어났다. 가자 지구는 콘크리트와 철망으로 둘러싸여 있고 열린 출구는 지중해뿐인데 그나마도 이스라엘 해군이 내내 경계 중이다. 팔레스타인 어부들이 고기잡이를 나갈 수 있는 어획 구간은 3해리(약 5㎞)정도이고 해역을 벗어나기만 하면 가차 없이 총탄세례다. 가자 지구 어부들이 이스라엘 해군의 감시를 피해 조업을 하다가 들켜서 사살되는 경우는 아예 신문에도 나지 않는다. 반입이 허용되는 것은 물과 꼭 필요한 초보적인 생필품뿐이다. 다른 물품들은 반란에 이용될 소지가 있기 때문인데 그러다보니 가자 지구 주민들은 이집트 쪽으로 땅굴을 파서 그 통로로 밀무역을 하는 처지다. 이런 땅굴이 2,000개나 있다. 폭동이 안 나는 게 오히려 더 이상한 일이다. 불편한 진실도 있다. 원래 가자 지구 토박이들의 생활은 난민들의 삶과 판이하게 다르다. 이들은 단층집에 거주하며 토지와 차량을 소유하고 있고 정원에서 터키식 커피를 마신다. 이스라엘에 대한 반감도 찾아볼 수 없다. 심지어 이스라엘을 좋게 이야기한다. 특히 사업가, 전문직 등 부유층이 사는 가자시 서쪽 동네는 고급 주택, 대형 마트, 호텔 등이 있어 서유럽의 한 마을이라고 해도 어색하지 않을 정도다. 이런 사람들에게는 아무리 동족이라지만 난민은 불편한 존재다. 이들은 난민들의 고통에 눈을 감는다. 정말이지 인간만큼 이기적인 동물도 없다. 더 불편한 진실도 있다. UN에서 지원하는 난민 지원은 대부분 팔레스타인 사람들에게 돌아간다. 다른 지역 난민들은 팔레스타인 난민들을 부러워한다. 이들은 팔레스타인으로 가는 지원을 줄이라고 난리다.

22.
석유의 중동사와 이란 이슬람 혁명

　지금은 미국의 셰일 가스 채굴로 석유에 대한 의존도가 많이 줄어들었지만 원래 중동하면 석유, 석유하면 중동이다. 석유와 관련해서 중동 현대사를 다섯 단계로 구분하면 첫 번째가 프랑스와 영국의 식민 지배가 붕괴하는 시기로 1945년부터 1956년까지다. 두 번째는 1958년부터 1967년까지로 범아랍주의가 목소리를 높이는 시기다. 범아랍주의는 이라크, 시리아, 예멘 등으로 확산되며 왕정과 구질서가 잇달아 무너졌지만 3차 중동전쟁 이후 영향력이 줄어들고 대신 미국과 소련의 영향력이 높아지는 시기이기도 하다. 세 번째인 1967년부터 1979년 드디어 석유가 중요한 요인으로 등장한다. 석유가 중요해졌다는 얘기가 아니라 석유에 대한 지배권이 국제석유자본에서 산유국으로 옮아갔다는 얘기다. 4차 중동 전쟁 당시 중동 산유국들은 석유를 무기로 활용하기 시작한다. 석유수출기구(OPEC)는 석유로 세계경제를 흔들고 이집트와 시리아를 지원한다. 지원만 한 게 아니라 보복도 했다. 아랍산유국으로만 구성된 아랍석유수출국기구(OAPEC)는 이스라엘이 3차 중동전쟁에서 점령한 영토에서 철수하고 팔레스타인인의 권리가 회복될 때까지 매월 5%

씩 석유생산량을 줄였으며 사우디아라비아는 미국이 이스라엘에 지원을 계속할 경우 원유 공급 중단을 선언했다. 가격도 4배로 올렸다. 4차 중동전쟁과 이란 혁명으로 석유수출이 중단되고 가격폭등으로 인해 빚어진 세계경제위기를 보통 석유파동 혹은 오일쇼크라고 부른다. 네 번째 시기는 1980년부터 1991년까지인데 분쟁의 초점 자체가 석유의 샘 산국으로 옮겨간 경우다. 이란에서 이슬람 혁명이 일어났고 이 혁명의 확산을 저지하기 위해 미국이 개입하면서 이란-이라크 전쟁이 발발했다. 전쟁 비용으로 곳간이 거덜 난 이라크가 쿠웨이트를 침공했으며 이는 미국, 소련, 사우디아라비아가 연합한 걸프 전쟁으로 이어진다. 마지막이 미국의 중동 직접 개입 시대로 1992년부터 현재까지를 말한다. 걸프 전쟁 이후 미국은 중동에서의 세력을 확대했고(소련도 없어졌으니) 이스라엘을 노골적으로 지원하면서 이슬람 부흥 운동이 다시 불타오른다. 미국은 9·11테러를 핑계 삼아 아프가니스탄의 탈레반 정권을 무너뜨렸고 2003년에는 이라크 전쟁을 일으켜 후세인을 몰아낸다. 미국인들은 아무리 복잡한 문제라고 잘게 쪼개서 하나씩 풀면 해결할 수 있다고 믿는 사람들이다. 그러나 중동 문제에서만큼은 그 해법을 써먹지 못하고 있다. 반미와 이슬람 부흥 운동이 기묘하게 결합되어 하나를 풀면 다른 하나가 생기고 그 문제를 풀면 또 다른 문제가 생기는 식이기 때문이다. 그렇다고 발을 빼기도 곤란한 상황이 미국의 현재 처지다. 당장만 해도 이란의 핵문제는 풀기도 방치하기도 곤란한 까다로운 난제다.

석유 이야기를 좀 하자. 1957년도에 개봉한 「자이언트」라는 영화가 있다. 엘리자베스 테일러와 제임스 딘 등이 출연했다. 텍사스의 한 목장에서 잡부로 일하던 제임스 딘이 농장주에게 땅을 유산으로 조금 받아 그곳에서 석유가 나는 바람에 인생 역전하는 이야기다. 그는 혼자서 석유 시추에 매달리는데 영화적인 설정일 뿐이다. 어지간한 부호들도 가산을 탕진할 정도로 매진해야 성공할까 말까 한 게 석유 시추다. 무일푼 잡부가 혼자서 할 수 있는 일이 아니라는 말씀이다. 중동하면 석유, 석유하면 중동이라는 표현을 쓰기는 했지만 그것은 1908년 이후의 일이다. 이전까지 석유의 역사는 미국의 역사와 함께 진행된다. 식물성 기름이나 동물성 유지와 구분하기 위해 석유(rock oil)라는 명칭으로 불렸던 이 에너지원은 처음부터 인류에게 확신을 주었던 자원이 아니다. 1911년 윈스턴 처칠은 중요한 결정 하나를 내린다. 그때까지 영국 해군 함정의 연료로 쓰이던 석탄을 석유로 전환하는 것이었다. 반대의 목소리는 높았다. 안정적으로 공급이 가능한 웨일즈 산 석탄 대신 거리가 멀뿐 아니라 정치적으로 불안정한 페르시아 석유에 의존하는 것은 영국의 미래를 어둡게 할지 모른다는 주장이었다. 그만큼 석유는 불안한 에너지원이었다. 언제까지 채굴이 가능하다는 보장도 없었고 충분한 양이 있다는 확신도 가질 수 없었다. 시계를 60년 전으로 돌려보자.

1850년대 미국 교수들의 봉급은 박하다 못해 형편없는 수준이었다. 예일 대학의 화학 교수였던 벤저민 실리만 2세는 가외 수입을 올리기 위해 한 투자그룹으로부터 용역을 받아 펜실베이니아에서 소량으로 채취되던 석유를 광원光源으로 사용할 수 있는지를 연구했다. 이 투자그룹은 변호사, 은행장 등이 참여하고 있는 재력이 탄탄한 집단이었다. 당시까지 석유는 두통, 치통, 위경련, 류머티즘 등의 치료에 의약품으로 쓰이고 있었다. 벤저민 실리만 2세는 세네카 오일이라고 부르던 석유를 양질의 램프용 기름으로 만들 수 있다는 결론의 보고서를 투자그룹에 제출한다. 화학교수답게 석유가 다른 비등점에서 탄소와 수소로 구성된 다양한 물질로 분류^{分溜}될 수 있다는 내용도 함께였다. 석유의 불가사의한 특성에 대한 과학적인 첫 번째 접근이었으며 수백 년 동안 사용해 온 향유^{香油}고래 기름의 수요가 계속해서 늘어난 끝에 고래의 개체 수 자체가 줄어들자 이를 타개할 묘책을 찾기 위한 고민의 결과이기도 했다. 보고서를 받은 투자자들은 펜실베이니아 석유 회사를 설립했고 땅을 파는 대신에 구멍을 뚫어 굴착하는 방법을 구상한다. 중국은 이미 1,500년 전에 소금을 얻는 방법으로 염정시추^{鹽井試錐}라는 굴착법을 개발했는데 1830년경에는 이 기술이 유럽으로 전파되어 어느 정도 활용이 되고 있었다. 시추를 통해 석유를 얻겠다는 발상에 세상은 투자자들을 비웃었다. 석유가 지하의 석탄 광맥에서 떨어지는 '기름방울'이라고 생각하던 시대였고 땅에서 석유가 나온다거나 물처럼 펌프로 석유를 뽑아 올린다는 발상 자체가 꿈같은 소리였기 때문이다. 당연히 쉬운 일이 아니었고 1850년대 말까지 들어간 시추 사업비에 질린 투자그룹이 손을 들기 직전인 1859년 8월 지하 69피트 지점에서 드디어 석유가 쏟아져 나온다. 그렇다고 굴착의 성공이 바로 돈벌이로 이어진 것은 아니다. 쏟아지는 석유를 어떻게 처리할 것인가가 문제였고 투자그룹은 그 지방의 위스키 통을 모조리 사들여 여기에 석유를 채웠다. 현재 우리가 원유의 양을 재는 단위로 배럴barrel을 쓰게 된 기원이며 당시 표준은 42갤런 와인 통이었다(1배럴은 159리터). 그 바람에 위스키 통이 귀해졌고 통의 가격이 석유 가격의 두 배를 상회하는 진풍경이 벌어지기도 했다. 이 새로운 에너지원에 주목해 사업으로 발전시킨 사람이 존 록펠러였고 그가 만든 회사 이름이 스탠더드 오일이다. 그는 정유 산업으로 큰돈을 벌었고 유통 체계를 다듬어 회사를 키워나간다. 1879년 미국 정유 능력의 90%는 스탠더드 오일이 장악하고 있었다. 그러나 록펠러는 정작 시추 사업에는 뛰어들지 않았는데 유정이 언제 고갈될지 몰랐기 때문이다. 실제로 1885년 펜실베이니아 주정부의 한 지질학자는 대량의 석유 생산이 일시적 현상에 불과하며 얼마 안 가 석유의 자연적 종말을 볼 수 있을 것이라 장담하기도 했다. 그 무렵 펜실베이니아 이외의 지역에서 다시 석유가 발견되기 시작한다. 오하이오 북쪽 지방의 리마 유전이었고 다수의 유정을 확신한 록펠러는 석유 생산에 직접 참여하기로 결심한다. 1891년 스탠더드 오일은 미국 석유 총생산량의 4분의 1을 차지했고 생산, 가공, 유통이라는 프로세스를 모두 실현하는 석유제국이 만들어진다.

미국에 이어 석유가 사업 수단으로 떠오른 것은 러시아였다. 코카서스 산맥이 카스피 해 쪽으로 돌출되어 형성된 아스페론 반도 바쿠 지역에서는 수 세기 동안 석유가 분출되었는데 불을 숭배하는 배화拜火교도들(조로아스터교)은 이를 '영원한 불기둥'이라고 불렀다(과학적으로 이 불기둥은 석회석 틈새로 새어나온 가스와 석유 침전물의 결합체다). 러시아에서 석유 사업을 시작한 것은 스웨덴의 노벨 가문이다. 스웨덴의 발명가였던 임마누엘 노벨의 장남인 로버트 노벨과 차남인 루드윅 노벨이 그 주인공이었다. 석유 사업에는 참여하지 않았지만 삼남인 알프레드 노벨은 노벨상을 만든 것으로 유명하다. 노벨 일가가 석유 사업을 시작한 후 1874년 60만 배럴에도 못 미쳤던 러시아의 석유 생산량은 10년 후 1천80만 배럴에 달하게 된다. 미국 석유 총생산량의 3분의 1에 달하는 양이었다. 이들이 세운 노벨 브라더즈 회사는 러시아 제국 내의 석유 판매는 완전히 장악했지만 해외 판매까지는 엄두를 못 내고 있었다. 이때 이들에게 구원의 손길을 내민 것이 세계적인 금융자본가 로스차일드였다. 로스차일드의 막강한 재력이 합류하면서 러시아산 원유의 유럽 수송이 가능해진다. 1890년대까지 스탠더드 오일, 노벨 브라더즈의 2강 체제였던 석유 시장에 새로 뛰어든 것이 네덜란드 회사인 로열 더치다. 로열 더치는 네덜란드령 동인도 제도에서 발견되던 석유를 대규모로 채굴했고 업계의 새로운 강자로 떠오른다.

1882년 에디슨이 전기를 이용한 전구를 선보이면서 조명시장은 석유의 수요처로서의 역할을 상실한다. 절망한 석유 업자들의 숨통을 틔워 준 것이 말馬 없이 달리는 마차인 자동차였다. 등유를 만드는 과정에서 부산물로 생산된 휘발유는 그때까지 거의 쓸모가 없었다. 난로의 연료로 소량이 사용되는 정도여서 갤런 당 2센트라는 헐값에 팔렸고 남은 것들은 몰래 강에 버려지기 일쑤였다. 그러나 휘발유의 폭발력을 이용한 내연기관으로부터 추진력을 얻는 자동차의 등장으로 휘발유의 위상은 완전히 달라진다. 초창기 자동차는 소음이 엄청났고 유독가스 배출도 심각해 미래가 매우 불투명했다. 이때 자동차의 가능성에 주목하고 자동차 제조 사업에 뛰어든 것이 에디슨 조명회사의 기술자였던 헨리 포드다. 미국의 자동차 등록대수는 1900년 8천대에서 1912년에는 90만 대로 늘어난다.

페르시아에서 석유 개발이 시작된 것은 1900년 말이다. 1890년대 프랑스의 한 지질학자가 페르시아의 광범위한 지역을 조사했고 막대한 석유 매장 가능성을 보여주는 보고서를 발표한다. 이를 주목한 영국의 부호이자 사업가였던 윌리엄 다아시가 페르시아 국왕 아흐마드 샤와 접촉했고 영토의 4분의 3에 해당하는 지역에서 60년 동안 석유 이권을 확보하는 계약을 체결한다. 이 계약으로 페르시아 국왕은 현금 2만 파운드와 2만 파운드 상당의 주식 그리고 연간 순이익의 16%를 챙긴다. 처음 다아시는 두 개의 유정을 파는 데 들어가는 비용을 1만 파운드로 추정했지만 4년간 그가 쏟아부은 액수는 20만 파운드에 달했다. 1903년 다아시는 재력에도 한계가 있다는 말과 함께 백기를 들었고 영국 해군부와 외무부에 융자 신청을 한다. 석유 자체보다 러시아의 페르시아 진출을 막기 위한 목적으로 해군부는 그의 사업에 자금을 지원하기 시작했고 다아시는 겨우 숨을 돌린다. 1906년 테헤란에서 폭동이 일어나 왕정이 붕괴된다. 의회가 만들어지긴 했지만 영향력은 겨우 수도에만 미치는 수준이었다. 혼란이 가중되는 가운데 1907년 영국과 러시아는 협정을 맺어 페르시아를 남북으로 분할한다. 북부는 러시아, 남부는 영국이 차지했는데 중간의 중립 지역이 석유의 굴착 현장이었다. 1908년 5월 드디어 석유가 터져 나온다. 국왕이 석유 이권 협정에 서명한지 7년에서 이틀이 모자라는 날이었고 첫 번째 유정에서 석유가 분출되는 동안 두 번째 유정에서도 석유가 치솟는다. 이를 관리하기 위해 만들어진 회사가 '앵글로 페르시안'으로 1910년 무렵에는 2,500명의 직원을 고용할 정도로 사세가 급성장한다. 그리고 이때부터 해군의 연료를 석탄에서 석유로 전환하는 문제에 대한 윈스턴 처칠의 고민이 시작된다. 처칠의 결단을 앞당기게 만든 것은 석유연료 추진엔진을 도입하려는 독일 해군의 움직임이었다. 처칠의 이 결정으로 페르시아는 인도에 이어 영국에게 가장 중요한 해외 거점이 된다.

　1945년 이후 중동의 정치 질서가 급변하면서 페르시아는 단지 석유가 나는 땅이 아닌 정치적으로도 중요한 지역이 된다. 어디로 튈지 모르고 불안하기 짝이 없는 아랍 민족주의의 향방에 변수로 작용할 수 있는 나라가 된 것이다. 이집트 이야기를 할 때 등장했던 바아스당(Ba'ath Party)을 기억하실 것이다. 바아스당은 바아티즘(Ba athism)을 주장하는 사람들의 결사로 1930년대 프랑스에서 교육받은 아랍 지식인들에 의해 주창되었다. 바아티즘은 아랍 민족주의, 범아랍주의, 아랍 사회주의, 반제국주의가 혼합된 형태로 아랍어로 르네상스 혹은 부활을 뜻한다. 바아티즘은 아랍세계를 하나의 국가로 통일할 것을 주장했고 이들의 모토인 단일성, 자유 그리고 사회주의는 아랍의 통합과 비아랍의 통제와 간섭으로부터의 자유를 의미했다. 1947년 4월 시리아 수도 다마스쿠스에서 알 비타르가 주도한 아랍 바아스 운동과 알 아르수지가 이끄는 아랍 바아스 운동이 통합되어 1953년 바아스 당이 결성된다. 여타 아랍 국가에도 지부를 설립했지만 제대로 성공한 것은 시리아와 이라크뿐이었다. 1960년대에 들어 시리아 바아스당과 이라크 바아스당이 갈라선다. 석유 자원을 가진 이라크와 석유가 없는 시리아는 같이 갈 수가 없었다. 결국 바아티즘 역시 자국의 이익 앞에 이념을 내던진 셈이다. 심지어 서로 암살에까지 나서게 되었으니 이념이 참으로 허망하다(1970년대 이후 이라크 바아스당은 사담 후세인의 지도 아래 독재정당이 되었고 2003년 후세인의 실각과 동시에 붕괴했다). 바아티즘을 대신 한 것이 그보다는 이념적으로 다소 느슨한 '아랍 국가 연맹'이었다. 제2차 세계 대전이 발발하자 아랍 국가들이 추축국 측에 붙는 것을 방지하기 위해 1941년 영국의 앤서니 이든이 제안했고 1945년 4월 알렉산드리아 의정서의 발효를 통해 카이로에서 결성됐다. 이집트, 이라크, 레바논, 시리아, 사우디아라비아, 요르단. 예멘 등 총 7개 나라가 참여했으며 참가국 대표로 구성된 이사회가 최고기관이었다(현재 아랍연맹은 총 22개국). 영국은 하심 가문을 통해 요르단과 이라크 두 나라를 세웠다. 영국은 하심 가문이 아랍연맹을 좌지우지하기를 바랐고 이라크의 바그다드에 연맹본부를 둘 생각이었다. 여기서 영국의 발을 걸고넘어진 게 이집트다. 이집트는 하심 가문과 관계가 별로인 사우디아라비아의 사우드 가문을 부추겨 자국의 수도 카이로에 본부를 두는 데 성공한다. 아랍연맹은 아랍 여러 나라의 독립을 지원하고 팔레스타인에 유대인 국가가 들어서는 것을 방어하는 것을 공동의 목표로 삼았다. 물론 뜻대로 된 것은 하나도 없다.

본부를 수도에 유치한 이집트는 아랍연맹을 쥐고 흔들었다. 그 중심에는 나세르가 있었고 그가 주창한 범아랍주의는 한동안 말발이 제법 먹혔다. 기세를 몰아 1958년 이집트와 시리아 바아스당이 합작한 것이 '아랍 연합공화국'이다. 두 나라와 달리 애초 출생의 기원이 남다른 이라크, 요르단은 어쨌거나 우리는 아라비아 이슬람의 한 핏줄이라는 식으로 사우디아라비아를 설득해 이집트의 견제에 나선다. 사우디 역시 이집트가 아랍의 맹주가 되는 것은 탐탁지 않게 생각했고 있었다. 이때부터 아랍의 구도는 이집트 카이로파와 이라크 바그다드파로 나뉘어 비우호적 협력관계를 이어 간다(4차례의 중동전쟁에서 아랍이 내내 패한 것 역시 이런 내부 사정과 무관치 않다). 냉전이 격화되면서 카이로파와 바그다드파는 각각 군사동맹의 성격을 띠게 된다. 소련은 이집트와 시리아가 사회주의 친화적인 이유로 카이로파를 지원한다. 1955년 바그다드파는 바그다드 조약 또는 중동 조약 기구(METO)로 알려진 중앙 조약 기구(CENTO)라는 이름으로 발족되었고 기구의 본부를 이라크 바그다드에 둔다. 미국은 이스라엘의 눈치를 보느라 정식으로는 참여하지 못했지만 1958년 동맹의 군사위원회에 가입한다. 1958년 7월 바그다드에서 군사 쿠데타가 일어나 하심 가문이 쫓겨난다. 이라크 혁명으로 영국의 영향력은 이제 요르단 하나뿐이다. 이때 미국은 또 다른 나라를 바그다드 동맹으로 끌어들일 계획을 세운다. 그게 이란이다.

이란은 1906년 입헌군주제 국가가 되었으나 의회는 왕의 영향 아래 있었으며 3권 분립은 말뿐이었다. 제1차 세계대전에서는 중립을 선언했으나 지정학적인 요지인 까닭에 전쟁의 화마를 피할 수는 없었다. 1925년 군사 쿠데타로 레자 칸이 집권했고 팔라비 왕조를 개창한다. 1935년에는 국호를 페르시아에서 이란 제국으로 바꿨고(현재는 이란 이슬람 공화국) 군주의 칭호도 황제가 된다. 2차 대전 중 영국과 소련은 독일로부터 이란의 석유를 지키기 위해 이란을 침공한다. 전쟁이 끝난 후 소련은 소비에트-이란 석유회사 설립을 추진했지만 이란 정부는 권한을 넘겨주지 않았다. 영국도 이란 진출에 실패했다. 1951년 이란의 수상이 된 모사데그는 투철한 민족주의자였다. 그는 석유산업의 국유화를 단행했고 내친김에 영국과 국교를 끊어버린다. 분노한 영국은 프랑스를 끌어들여 이란산 석유의 유통을 금지해버렸고 재정위기로 모사데그는 실각하자 미국의 지원을 등에 업은 팔라비가 왕좌에 복귀한다. 이란 석유의 이권은 미국을 중심으로 하는 8대 석유회사가 출자한 국제합병회사에 흡수된다. 이제 팔라비가 미국에게 빚을 갚을 차례다. 팔라비는 미국과 군사협정을 맺고 1960년 이스라엘을 승인한다.

60년대부터 1979년까지 펼쳐지는 이란의 격동기는 레자 칸의 아들인 무함마드 레자 팔라비의 시대다. 레자 샤는 미국의 CIA와 이스라엘 모사드의 도움을 받아 비밀경찰 사바크를 창설한다. 창설 이유야 빤한 것이었다. 정치적 반대세력에 대한 탄압, 불법 체포, 고문 등이 사바크의 주된 업무였고 이 철권통치로 레자 샤는 정권을 유지해 나간다. 이게 참 아이러니한 게 반정부 세력의 탄압과 같은 강압통치가 경제발전이 함께 간다는 것이다. 레자 샤는 1963년 '백색혁명'으로 불리는 개혁 프로그램을 발표한다. 토지 개혁, 의료개선, 교육 혁명, 히잡, 차도르 착용 금지, 국영기업 민영화, 여성 참정권 허용, 문맹 퇴치가 그 주된 내용이었다. 나쁜게 하나도 없다. 국영기업 민영화가 마냥 좋은 것이냐 할 수 있는데 민도가 낮고 생산성과 효율성이 떨어질 경우, 제대로 된 관료시스템이 작동하기 전의 국영은 득보다 실이 많다. 부패하기 십상이며 국가 발전에 하나도 도움이 안 된다. 이란 경제의 성장 속도는 엄청났다. 1963년 1인당 GNP는 200달러에 불과했다. 그게 1979년에는 2,000달러로 올라섰다. GNP 200달러가 2,000달러가 되었다는 것은 열 배 잘 살게 되었다는 것을 의미하지 않는다. 그것은 완전히 새로운 나라가 되었다는 이야기다. 잘 살게 되었다는 얘기를 다른 각도에서 해보자면 새로운 재화를 소비한다는 의미다. 1,000달러 소득 나라가 3만 달러가 되었다면 밥을 서른 그릇 먹는 것이 아니라 다른 것을 먹는다는 얘기다.

이란의 빠른 근대화는 그러나 사회의 그늘을 만들었다. 토지개혁에서 소외된, 분배받은 땅이 적거나 경작권이 없던 사람들은 결국 도시로 향하게 된다. 도시화 자체가 문제가 아니다. 이농민들을 감당할 사회경제 체제, 산업 시스템이 없으면 이들은 사회불안 세력이 된다. 그러니까 올바른 근대화는 농지개혁과 교육혁명과 산업화가 동시에 진행되어야 하는 것이다. 이란의 발전은 이 대목에서 좌초했다. 농지개혁과 교육혁명을 통해 배출된 인력을 국가가 감당하지도 흡수하지도 못했다. 생필품 값이 오르고 주거 문제가 해결이 안 되자 팔라비 왕조에서 민심이 이탈하기 시작한다. 민심 이반에 가속페달을 밟게 한 것이 과다한 양극화다. 1970년대 테헤란 부유층은 마치 서유럽의 부자들처럼 살았다. 수영장이 딸린 저택에서 하인들을 두고 이들은 마치 별천지와 같은 호화로운 삶을 누렸다. 이반하는 민심에게는 눈에 피가 몰리는 풍경이었다. 5만 명에 달하는 이란 주재 미국인들의 삶 역시 풍요의 절정이었다. 가난은 공산주의가 타고 들어오는 물길이다. 점차 반정부 세력들은 반자본주의 + 반제국주의로 자신들의 정체성을 만들어 갔으며 마르크시즘과 이슬람주의로 자신들을 무장하기 시작했다. 이때 이슬람주의로 뭉친 신학생 그룹의 리더가 아야톨라 루홀라 호메이니다. 아야툴라는 이슬람 법학자 사이에서도 권위를 인정받는 사람에 대한 호칭으로 주교, 대주교, 교황 등 가톨릭의 위계질서와 유사한 개념이다. 아야툴라는 신의 가호라는 뜻이다.

호메이니는 반정부 집회에서 연설을 하며 지명도를 올리기 시작한다. 샤바크 요원들에게 여러 차례 체포됐지만 장기 구속은 피할 수 있었다. 아무리 권위주의적인 정부였지만 이슬람 지도자를 함부로 대할 수는 없었기 때문이다. 1963년 6월 호메이니는 또다시 쿰에서 열린 대중 집회에서 강력한 반정부 설교를 쏟아냈고 현장에서 체포된다. 호메이니의 체포 소식에 군중들은 더 과격해졌고 시위의 규모가 커진 끝에 수백 명의 사망자가 발생한다. 레자 샤는 이번에도 호메이니를 석방한다. 다시는 반정부 활동을 하지 않겠다는 약속을 받고 풀어주었지만 호메이니는 그런 약속 같은 건 전술적 융통성 정도로 생각했고 바로 반정부 활동을 재개한다. 견디다 못한 레자 샤는 결국 1964년 호메이니를 추방하기에 이른다. 호메이니는 터키와 이라크를 거쳐 1978년 프랑스로 망명지를 옮겨 다니며 반정부, 반미 활동을 전개한다. 프랑스 정부는 호메이니의 암살을 제안했지만 레자 샤는 거절한다. 호메이니를 순교자로 만들어 봐야 잠시만 시원할 뿐 이어지는 후폭풍은 그보다 몇 배 거셀 것이 틀림없었다. 호메이니가 주창한 반정부 투쟁의 프레임은 '세속왕권 대 이슬람 신정정치'였다. 호메이니는 자신의 이런 생각을 카세트테이프에 담아 계속 이란 국내로 들여보냈고 이 카세트테이프들은 반정부 활동가들의 행동지침이 된다.

1977년 미국에서 지미 카터가 대통령에 당선된다. 이 사람은 인권에 대해 과하다 싶을 정도로 호의를 가진 인물이었는데 이때 카터의 촉에 들어온 대표적인 인권 탄압 국가가 이란과 대한민국이었다. 미국과 우호적인 관계를 상실하기 싫었던 레자 샤는 부분적으로 자유화조치를 시행한다. 자유화 조치에 따라 지하에 숨어들었던 반정부 세력들이 기지개를 켠다. 지상으로 나온 이들이 결성한 '국민전선'은 헌법과 대의제를 핵심 투쟁 목표로 내건다. 레자 샤는 말로 하는 자유화조치와 실질적인 자유화에 대해 구별이 뚜렷한 사람이었다. 무자비한 탄압과 억압으로 국민전선을 타격했고 얼마 안 가 이란 내부 대부분의 계층으로부터 고립된다. 흔히 말하는 부르주아 혁명을 발로 걷어찬 것이다. 이때 이미 레자 샤가 걸어갈 길은 정해졌다. 1978년부터 시위가 격화되기 시작했고 시위 때마다 학생들의, 시민들의 목숨이 제물로 바쳐졌다. 시위의 방식과 진압도 각기 극한으로 치달았다. 시위대는 화염병을 던졌고 진압군은 탱크와 기관총은 물론 심지어 헬기까지 동원했다. 1978년 이란에서 시위를 주도하던 일단의 세력들이 파리로 날아가 호메이니를 만난다. 호메이니는 민주주의자는 아니었다. 그러나 반정부 시위대를 하나로 결속할 수 있는 인물은 호메이니 말고는 없었기에 불가피한 선택이었다. 1978년 연말 드디어 테헤란에 백만의 시위대가 등장한다. 최후의 보루였던 군부에서도 레자 샤의 정책에 반기를 든다. 카터 대통령은 그만 사임하는 게 어떻겠느냐 슬그머니 옆구리를 찔렀지만 레자 샤는 끝까지 정권을 놓지 않았다. 시위대의 분노는 반정부에서 반미로 이동하고 있었다. 미국 대사관과 미국 기업에 대한 공격이 시작됐고 이란에 거주하던 미국인들은 대거 이란을 탈출했다. 1979년 1월 16일 결국 팔라비 왕정은 무너진다. 레자 샤는 이란을 떠났고 대신 파리에 머물던 호메이니는 이란으로 돌아왔다. 300만 명의 인파가 몰려 호메이니를 들뜨게 만들었다. 환영인파의 숫자가 문제가 아니었다. 환영 나온 사람들 가운데 일부가 호메이니를 이맘이라고 호칭하기 시작한 것이다. 이란은 시아파 국가다. 시아파에서는 열두 번째 이맘 이후 누구도 이맘 칭호를 받은 사람이 없다. 이맘이란 신의 대리인으로 오류가 없는 존재이기 때문이다. 대담한 호메이니도 그 순간만큼은 표정관리를 해야 했다. 혹시라도 고개를 끄덕이거나 구두로 이맘임을 자처했더라면 그는 얼마 가지 않아 신성모독으로 이슬람 근본주의자의 총탄을 맞았을 것이다. 호메이니는 NCND(긍정도 부정도 않다)로 일관하며 은근히 그 상황을 즐기고 있었다.

호메이니의 개혁안과 시위 군중들이 생각하는 개혁은 달랐다. 전자는 이슬람 근본주의, 후자는 민족주의와 부르주아 민주화였다. 그 간극을 호메이니는 엄청난 지지와 카리스마를 통해 메워 나갔다. 이란으로 돌아온 호메이니는 지난 수년간 반정부 시위에서 숨진 희생자들의 묘를 찾았으며 이들을 추모하는 것으로 자신의 이미지를 만들어 간다. 민족주의 계열의 인사를 총리로 지명했으며 이란 전 지역에서 혁명위원회를 결성해 경찰과 사바크 조직을 무력화했다. 혁명위원회는 팔라비 왕정의 간부들을 체포해 처형했다. 군은 중립을 선언했다. 혁명위원회를 관장하는 혁명평의회가 만들어졌고 호메이니는 너무나 당연하게 의장에 취임한다. 그는 레자 샤에게 충성을 바쳤던 정규군을 신뢰하지 않았다. 호메이니는 혁명수비대라는 별도의 군사조직을 만들었고 대대적인 군부 숙청에 들어갔다. 300명에 달하는 장교들이 형장의 이슬로 사라졌다. 병력축소도 빼먹지 않았다. 1979년 여름까지 정규군 축소는 무려 60%에 달했다. 군사적으로 명백하게 미친 짓이었다. 호메이니의 정치적 입지 강화는 이슬람 법학자들을 중심으로 한 이슬람 공화당의 창당이었다. 공화라는 단어와 전혀 어울리지 않는 이 정당은 혁명헌법 초안을 만들었

6~70년대 이란의 자유로운 대학 풍경. 지금은 여성이 히잡을 쓰지 않는 것만으로도 처벌을 받는 나라가 되었다. 2022년에는 히잡을 제대로 착용하지 않았다는 이유로 체포된 여성이 의문사하면서 대규모 시위가 벌어졌다

는데 외형적으로만 민주공화정의 형태를 띤 혁명헌법은 혁명수호평의회의 통제를 받았고 이들에게는 선거 전 후보자의 적격 심사와 의회를 통과한 법률의 심사권까지 있었다. 한마디로 혁명수호평의회에서 승인된 법안만 효과를 갖도록 했으니 선거와 입법의 자유는 사라진 셈이다. 이 체제의 꼭대기에 앉은 것이 호메이니였다. '최고 지도자'라는 이 자리는 선거를 통해 당선된 대통령을 승인할 권한을 가지며 혁명 수비대 대장과 기타 군 조직의 우두머리를 임명했다. 이란 제국에서 이란 이슬람 공화국으로 이름을 바꾼 이 나라는 사실상 종교가 국가를 통치하는 세계 어디에도 없는 독특하거나 해괴한 정치 시스템을 가진 국가가 되었다. 이슬람 원리주의자, 근본주의자들은 이란 이슬람 공화국의 등장에 환호를 보냈다. 서구화에 반대하며 아랍의 나갈 길을 모색하던 이들에

게 이란 이슬람 공화국은 이상향 그 자체였다.

한편 이집트의 사다트는 4차 중동전쟁 이후 친미 노선으로 돌아선다. 사실상의 아랍민족주의 폐기나 다름없었다. 1977년 사다트는 이스라엘 메나헴 베긴 수상의 초청으로 예루살렘을 방문해 이스라엘 의회에서 연설을 한다. 이후 이스라엘과 이집트 사이의 긴장 관계는 완화되었고 1978년에는 지미 카터 대통령의 중재로 캠프 데이비드에서 협정에 서명한다. 이 합의에는 이스라엘이 1967년 제3차 중동전쟁으로 점령했던 시나이 반도를 평화적으로 반환한다는 내용이 들어있었고 이집트는 중동 평화의 선구자라는 정치적 승리를 덤으로 얻는다. 1978년에는 메나헴 베긴 수상과 함께 사다트가 노벨평화상을 수상한다. 아랍 내부의 분위기는 냉랭했다. 노벨상 받자고 서방에 붙었느냐 비난과 함께 아예 아랍의 배신자로 사다트를 몰아갔다. 1979년 1월 이란 혁명이 일어나자 사다트와 친했던 팔라비 왕이 이집트로 망명했다가 그 후 바레인을 거쳐 미국으로 망명한다. 이 과정에서 사다트가 도움을 준 사실이 알려지면서 분위기는 더욱 험악해진다. 국외 사정은 더 심각했다. 이집트가 이스라엘을 승인하자 아랍 국가들은 1979년 아랍연맹에서 이집트를 제명하고 카이로에 소재한 아랍연맹 본부를 튀니지로 이전해 버린다. 이집트는 아랍 세계에서 왕따가 됐다. 1981년 10월 6일 4차 중동전쟁 승전 기념 군사 퍼레이드를 관람하던 사다트는 이슬람 과격파인 지하드 소속의 이집트 육군 중위와 다른 3명의 암살범이 쏜 총탄과 수류탄에 맞아 사망한다. 이 장면은 그대로 전 세계로 송출되어 충격을 안겨줬다. 당시 부통령이던 호스니 무바라크도 이때 부상을 입었지만 이후 후임 이집트 대통령이 되어 무려 30년 동안 집권하는 기염을 토한다. 무바라크는 2011년 아랍의 봄 당시 이집트 반정부 시위로 퇴진했다. 사다트의 장례식에 서방 정상들은 대부분 참석했지만 아랍권에서는 요르단의 참석이 유일했다. 유대인들은 사다트의 암살을 한심하다며 비웃었다. 그러나 1995년 PLO의 아라파트 의장과 회담한 이츠하크 라빈 이스라엘 총리가 유대인 청년에게 암살당하면서 아랍 세계와 유대인 세계의 원리주의자, 근본주의가 별로 다를 게 없다는 사실을 입증한다.

23.
후세인과 호메이니의 대결, 이란- 이라크 전쟁

　이란이라는 중요한 거점을 상실한 미국의 심리적인 타격은 상당한 것이었다. 그리고 단순히 이란 하나가 넘어간 게 아니었다. 이란의 이슬람 혁명이 산유국에 퍼져나간다면 그보다 끔찍한 일이 없었다. 이점에서는 소련도 다르지 않았다. 카자흐스탄, 타지크스탄, 우즈베키스탄 등 중앙아시아에 사실상의 식민지 이슬람 국가들을 거느리고 있던 소련 역시 이란 혁명이 연쇄 이슬람 혁명으로 이어지지 않을까 우려했다. 특히 아프가니스탄이 문제였다. 2차 대전 후 아프가니스탄 왕국은 공식적으로는 비동맹 노선을 표방했지만 서구화와 근대화를 추진하는 한편 부동항을 확보하기 위해 이란과 아프가니스탄에게 전략적으로 접근하던 소련과도 나쁘지 않은 관계를 이어갔다. 문제는 당시 아프가니스탄에서 소련으로 연수 보냈던 장교들이 공산주의에 흠뻑 젖어 귀국을 했다는 사실이다. 한편 종교의 영향력이 강했던 시골 마을에서는 이슬람 근본주의자들이 서구화와 소련화에 모두 반발하면서 세력을 키워가고 있었다. 서구파, 소비에트파, 이슬람이라는 3대 세력이 아프가니스탄의 발전을 가로막기 시작한 것이다. 1973년 왕정이 무너지고 공화국이 들어선 아프가니스탄은 1978년 좌익 군인들이 쿠데타를 일으키면서 공산국가로 변모한다. 이슬람 세력은 이때부터 정권을 소련의 괴뢰로 규정하고 친소 세력은 물론 아프가니스탄 거주 소련 민간인에 대한 테러를 벌이기 시작한다. 이란 혁명이 전파되는 것이 두려웠던 소련은 이를 핑계 삼아 공산당 우두머리인 아민을 제거하기 위해 아프가니스탄을 침공한다. 차라리 그게 소련에게 더 안전하다고 생각했기 때문이다. 몇 달이면 끝날 줄 알았던 이 전쟁은 그러나 이슬람 세력의 끈질긴 저항으로 무려 9년 동안이나 진행된다. 주변 이슬람 국가에서 많은 이슬람 전사(무자헤딘)들이 소련에 맞서기 위해 아프가니스탄에 집결했고 소련의 세력 확대를 우려한 미국은 파키스탄을 통해 이들 반 소련 게릴라 세력에게 무기를 제공했다. 9.11 테러로 유명한 오사마 빈 라덴도 이때 의용군을 참전했는데 영어가 능숙하고 집안도 탁월해 미국 CIA는 그를 매우 좋아했다. 아프가니스탄 전쟁은 1989년 고르바초프 서기장의 결단으로 아프간에서 소련군이 철수하는 것으로 끝이 난다. 그러나 전쟁을 통해 길러진 사병들이 부족과 민족으로 갈려 전투를 계속했고 파키스탄 난민 캠프 신학교에서 이슬람을 배운 '탈레반'이라는 원리주의 무장단체가 1996년 수도인 카불을 점령하면서 극단적인 이슬람 통치를 시작한다. 소련이 떠난 뒤 이번에는 미국이 아프가니스탄과의 전쟁에 뛰어든다. 미국은 2001년 9·11 테러사건의 배후자 오사마 빈 라덴과 알 카에다를 아프가니스탄이 보호하고 있다고 보았고 2021년까지 전쟁을 이어갔다. 미군이 철수하자 2021년 8월 카불에 입성한 탈레반은 아프가니스탄 정부를 굴복시켰고 아프가니스탄 이슬람 공화국은 간판을 내렸다. 아프가니스탄을 설명하느라 이야기가 좀 샜다. 이란 혁명 직후로 이야기를 다시 돌려보자.

이란 대신으로 미국이 선택한 것은 이라크의 바아스 당 지도자인 사담 후세인이었다. 사담 후세인은 1950년대 후반부터 바아스 당의 행동 대장을 맡아 손에 피를 묻히기 시작했다. 바아스당 집권 이후에는 비밀 경찰을 지휘했는데 역시 손에서 피가 마를 날이 없었다. 정보기관을 장악한 사담 후세인은 이라크 내 2인자가 되었고 1979년 알 바르크 대통령이 신병으로 사임하자 대통령에 취임한다. 당내 라이벌을 모조리 숙청하는 것으로 평소의 실력을 발휘한 후세인은 아랍 민족주의의 지도자 자리를 탐내기 시작한다. 나세르가 설계하고 사다트가 누렸던 그 자리는 사다트의 암살 이후 공석이었다. 아랍에서 맹주가 되려면 아주 간단하다. 이스라엘과 붙어 이기면 된다. 그러나 거기까지는 자신이 없었던 후세인의 눈에 들어온 게 이란이었다. 고맙게도 호메이니는 이란군을 60%나 감축해 놓은 상태였다. 어지간하면 이기는 전쟁이라 생각했던 이라크-이란 전쟁은 예상과 달리 8년이나 이어지며 이라크, 이란 두 나라에 상처만 잔뜩 안겨주게 된다.

이라크-이란 전쟁은 수니파와 시아파의 대결이었고 아랍인과 페르시아인 사이의 대결이었으며 세속국가와 신정국가의 대결이었다. 전쟁 전부터 두 나라 사이의 관계는 별로 좋지 않았다. 단지 후세인의 욕심과 호메이니의 거룩한 야망만으로 불이 붙을 수는 없었다는 얘기다. 일단 1937년에 영국에 의해 정해진 국경부터가 문제였다. 남쪽 국경선은 샤트알아랍이라는 강의 동쪽을 따라 그어졌는데 덕분에 강은 이라크 차지가 되었다. 샤트알아랍은 티그리스 강과 유프라테스 강이 만나 페르시아 만을 향해 흐르는, 석유 수송에 아주 중요한 강이다. 이란의 입장

중동지역 무슬림 수니파 분포도 추정치

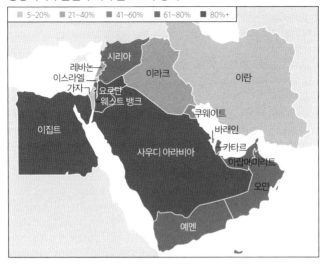

중동지역 무슬림 시아파 분포도 추정치

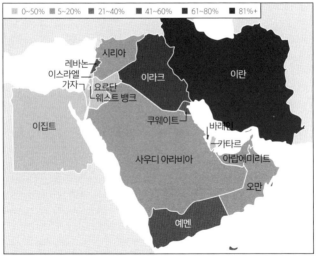

2018년 현재 중동의 수니파와 시아파 분포도. 주황색은 수니파 우세 지역, 청색은 시아파 우세 지역이다.

에서는 속이 쓰릴 수밖에 없었다. 1969년 이란은 1937년의 국경 조약이 무효라고 억지를 부린다. 1차 분쟁이다. 이란이 충분히 자신이 있었던 것은 팔라비 왕조가 꾸준히 군사력을 증강해온 반면 이라크는 정치적 혼란으로 정신이 없었기 때문이다. 레자 샤는 샤트알아랍 강에 이란 선박을 풀어놓는다. 남의 강에 허락도 안 받고 자기네 배를 띄운 셈이다. 이라크 정부는 격렬하게 반발했지만 실력행사는 현실적으로 불가능했다. 이라크는 1968년부터 쿠르드족의 자치권을 놓고 충돌하는 중이었기 때문이다. 이란은 때를 놓치지 않고 쿠르드족에 무기를 지원했다. 결과가 어떻게 나오든 이란에게는 다 좋았다. 쿠르드족이 승리하면 이라크가 약화되어서 좋았고 이라크가 이기면 쿠르드족이 힘을 잃을 것이기에 역시 좋았다. 이란 역시 자국 내의 쿠르드 족 때문에 골치가 아팠기 때문이다. 안팎으로 몰린 이라크 정부가 결국 레자 샤에게 협상을 요청했다. 샤트알아랍 강의 서쪽은 이라크가, 동쪽은 이란에게 영유권을 주는 대신 쿠르드족에 대한 지원을 멈추는 조건이었다. 1975년 3월 알제 협정의 최대 피해자는 쿠르드족이었다. 기운을 회복한 이라크는 쿠르드 족을 학살하는 것으로 이란과의 협정으로 생긴 스트레스를 풀었다.

이라크는 수니파 국가이면서도 수니파가 소수인 나라다. 남부에는 인구의 60%에 달하는 시아파가 주로 살았고 북부에는 쿠르드족이 왕창 모여 살았다. 수니파는 중부 지역의 약세 세력이었다. 이라크 시아파를 부추긴 것은 호메이니였다. 이란의 이슬람 혁명을 수출하고 싶었던 호메이니의 신호에 따라 사우디아라비아, 쿠웨이트, 바레인 등에서 시아파들이 시위를 벌이기 시작한다. 세 나라는 수니파 인구가 월등하게 많은 나라들이다. 그런 나라에서도 시아파의 위협은 만만한 것이 아니었는데 시아파가 절반을 넘어가는 이라크에서는 거의 옆구리를 칼로 후비는 위협이었다. 1980년 4월 호메이니는 아예 대놓고 이라크의 군과 국민들(정확히는 시아파)에게 바아스당 정권을 타도하라며 공개적인 신호를 보낸다. 호메이니의 선동에 제대로 '필'을 받은 시아파는 사담 후세인의 오른팔인 부총리 암살까지 감행했는데 비록 미수에 그치기는 했지만 후세인의 등골에 식은땀이 흐른 것은 물론이다. 이제 후세인이 반격에 나설 차례다. 후세인이 주목한 것은 이란의 군부 60% 감축이었다. 혁명 전 30만 명에 달했던 이란 군은 혁명 후 10만 명 수준으로 쪼그라들어 있었다. 반대로 이 시기 이라크의 병력은 20만 명을 넘어서고 있었다. 1차 분쟁 때와는 정반대의 상황으로 얼마든지 해볼 만한 게임이었다. 1980년 들어 양측의 갈등 수위는 연일 최고치를 갱신한다. 8월에는 이라크와 이란의 공군기가 서로의 영공을 침범했다. 국경에서는 사소한 포격전이 벌어진다. 마침내 9월 17일 이라크 정부는 알제 협정의 무효를 선언했고 9월 22일 이라크 공군이 이란의 공군기지를 폭격한다. 이스라엘의 6일 전쟁에서 힌트를 얻은 이라크의 도발이었다. 성과는 별로였다. 계획은 이스라엘이었지만 이라크 공군 조종사까지 이스라엘 공군의 실력은 아니었다. 9월 23일에 이라크 지상군이 국경을 넘는다. 이란은 군 총동원령을 내리고 남부전선에 혁명수비대를 투입했다. 자국 내에서 권력이 받쳐줄 때의 혁명수비대지 타국과의 전투는 전혀 다른 문제였다. 이란군은 판판히 깨지면서 이란 남부 항구도시인 호람샤르까지 물러난다. 그러나 신앙으로 똘똘 뭉친 혁명수비대의 정신력은 이즈음부터 실력을 발휘하기 시작한다. 종교적 열정으로 수류탄만 들고 중화기로 무장한 이라크 군에 뛰어들었고 이런 몰상식한 용맹은 이라크군을 질리게 하기에 충분했다. 게다가 이란군은 홈그라운드였고 이라크는 원정경기였다. 보급과 사기 면에서 이라크는 조금씩 자신감을 잃기 시작한다. 이란의 바시즈 민병대는 이라크군이 가장 만나기 싫어하는 전투대였다. 12세 이상의 빈곤층으로 이루어진 이들은 죽음을 신에게 더 가까이 가기 위한 방법으로 생각했다. 죽음을 두려워하기는커녕 그것을 반기는 군대처럼 무서운 게 없다. 페르시아 만의 석유수출 항구인 아바단을 포위하고 있던 이라크군은 더 이상 진도를 나가지 못했고 1981년 9월 이란군은 아바단에서 이라크군을 격파한다. 1982년 4월 호람샤르에서 양측이 피 말리는 전투에 돌입했고 2만 명의 사망자를 낸 끝에 결국 5월 23일 이란군은 호람샤르를 되찾는다. 이라크군의 후퇴가 시작된다. 호메이니는 전쟁을 멈출 생각이 없었다. 얻을 게 너무 많은 전쟁이었다. 전쟁을 통해 자신에게 반감을 가지고 있던 세력은 몰락했고 반대로 국민들의 지지는 계속 상승 중이었다.

이란 군이 국경을 넘자 후세인은 휴전 카드를 내민다. 그러나 이란이 제시한 휴전의 조건 중에 후세인이 감당할만한 것은 하나도 없었다. 조건의 첫 번째부터가 후세인의 퇴진이었다. 1982년 7월 이란 정부는 전쟁에 종교적 명분을 더했다. 이라크 내의 시아파 성지인 카르발라(무함마드의 사위인 알리의 둘째 아들 후세인이 죽은 곳이다)를 점령하기 위해 이라크 영토로 진격한다는 성명이었다. 이란에서 카르발라로 가기 위해서는 이라크의 유전지대인 바스라를 통과해야 한다. 이란군은 바스라에 9만 명의 병력을 투입했지만 공격은 모두 실패로 돌아갔다. 무기가 부족했다. 미국과의 관계 악화는 서유럽 전체와의 군사적 단절을 의미했고 북한, 시리아, 리비아로부터 오는 무기는 경쟁력이 떨어졌다. 반면 이라크는 프랑스로부터 대량의 무기를 구입하고 있었다. 전선이 교착상태에 빠지면서 쌍방 간의 지루한 포격전이 이어진다. 미사일 공격에서 우위를 점한 것은 이란이었다. 이라크의 주요도시들은 이란 미사일의 사정권 안에 들어있었고 이란의 도시들은 이라크 미사일의 한계 밖에 있었다. 공격도 방어도 지지부진한 가운데 사담 후세인은 꾸준히 이란에 협상을 제의하지만 호메이니는 딱 잘라 거절한다. 그러나 전황은 조금씩 이란에게 불리해지고 있었다. 이란은 원정군으로 입장이 바뀐 상태였고 보급은 문제가 있었으며 혁명수비대와 바시즈 민병대의 열정도 예전 같지 않았다. 1988년 4월의 바스라 전투에서 이라크군은 이란 군에게 복구불가능한 수준의 피해를 입혔고 같은 해 8월 이란군은 철수를 단행하게 된다. 후세인은 이란군을 쫓지 않았다. 1988년 8월 20일 이라크와 이란은 휴전 협정에 서명한다. 8년 가까이 싸웠지만 두 나라 모두 얻은 것이 거의 없는, 영광도 없는 상처뿐인 전쟁이었다. 이란은 73만 명에 달하는 사망자와 120만 명의 부상자를 냈다. 전쟁의 경제적 피해는 700억 달러였다. 이라크도 사정은 비슷했다. 사망자 35만 명, 부상자 70만 명의 성과에 전쟁 피해액은 이란보다 1천억 달러가 많은 1,590억 달러를 날렸다. 석유로 윤택했던 양국의 국고가 바닥을 드러낸 상황이 된다. 전쟁 부채로 골머리를 앓던 후세인은 결국 최악의 선택을 하게 된다. 1천억 달러에 이르는 부채 중 140억 달러 정도가 쿠웨이트의 채권이었고 후세인은 쿠웨이트를 점령해 부채문제를 해결하려고 했고 이는 걸프전과 이라크전으로 이어지면서 후세인의 수명을 끊게 된다. 호메이니의 위신과 체면

도 구겨진다. 이란은 국제사회에서 고립되었고 시아파 이슬람 혁명은 빛
이 바랜다.

24.
슬픈 쿠르드, 세계 최대의 나라 없는 민족

정식 국가도 아니면서 중동, 아랍 역사에 빠지지 않고 등장하는 게 쿠르드족이다. 세계 최대의 나라 없는 민족이라 불리는 쿠르드족은 터키, 시리아, 이라크, 이란에 걸친, 속칭 쿠르디스탄에 거주하는 이란계 산악 민족이다. 쿠르디스탄은 구체적으로 터키 남동쪽, 이라크와 시리아 북부, 이란 북서부 지역으로 전체 인구는 3,300만 명 정도로 추산하지만 경우에 따라서는 4,500만 명까지도 본다. 캐나다 인구가 3,500만 명, 오스트레일리아 인구가 2,400만 명임을 생각하면 결코 적지 않은 숫자로 중동에서도 아랍인, 터키인, 페르시아인(이란인) 다음으로 많은 인구를 가지고 있다. 가장 많이 거주하는 곳은 터키로 대략 1,800만 명 정도이고 다음으로 이란 800만 명, 이라크 500만 명, 시리아 200만 명 순이다. 지리적 위치 때문에 아르메니아, 아제르바이잔, 투르크메니스탄, 아프가니스탄, 러시아 등에도 분포하는데 서방 국가에도 숫자가 만만치 않아 독일 거주 쿠르드족은 80만 명에 이른다. 민족의 기원은 이란계 고대 민족과 그들이 세운 메디아 왕국으로 이란 북서부 고원에서 건국된 서아시아의 강대국이었다. 메디아인들은 말 사육으로 유명했다. 한때 아시리아의 속국이었으나 퀴악사레스 왕 시대에 신바빌로니아와 함께 아시리아를 공격했고 수도인 니네베를 함락해 멸망시켰다. 고대의 역사는 나쁘지 않은 편이다. 쿠르드의 어원은 아랍인들이 유목생활을 하는 이란계 민족을 통칭하던 말에서 왔다는 것이 다수설이다. 종교는 이슬람 그리고 종파는 수니파다.

쿠르드족의 현대사는 아랍인, 유대인들의 역사와 맞물린다. 1차 세계대전이 발발하면서 영국은 오스만 제국을 무너뜨리기 위해 독립 국가를 약속하며 쿠르드족을 끌어들인다(이것까지 치면 무려 4중 계약이다). 아랍인, 유대인들에게 했던 것과 똑같은 방식이었다. 전쟁이 끝나고 승전한 연합국과 패전한 오스만 제국은 1920년 세브르 조약을 체결한다. 이 조약에는 쿠르드족의 독립이 명기되어 있는데 조약 62조를 보면 콘스탄티노플(오스만 제국)의 책임자와 영국, 프랑스, 이탈리아 정부에서 각각 임명된 3인의 대표는 해당조약이 효력을 발휘한 뒤 6개월 안으로 쿠르드인들의 자치권에 대한 계획을 추진한다고 되어 있다. 조약은 쿠르드인들의 영토에 대해서도 경계를 명확히 하고 있다. 유프라테스 강 동쪽, 아르메니아 남쪽 국경 이남, 오스만 제국이 시리아, 메소포타미아와 만나는 국경지대의 이북이 연합국이 약속한 땅이었다. 이어지는 63조는 오스만 제국의 동의에 대한 항목으로 '오스만 정부는 해당 내용을 전달받은 후 3개월 안에 위 조항에 언급된 의회구성을 승인하고 추진하는 것에 동의한다'로 되어 있다. 우리나라처럼 신탁통치 어쩌고 하는 구질구질한 단서 같은 것도 붙어 있지 않은 명확한 독립 약속이었다. 그러나 이 약속은 지켜지지 않았다. 무스타파 케말 아타튀르크가 터키 독립전쟁을 승리로 이끌면서 로잔 조약을 새로 맺으면서 세브르 조약을 파기해버렸기 때문이다. 약속의 주요한 당사자인 영국도 쿠르드족을 감싸지 않았다. 쿠르드족에게 주기로 했던 땅에서 원전이 발견되었고 석유 확보에 혈안이었던 윈스턴 처칠은 그 땅을 영국령 이라크에 편입시키는 것으로 국익을 실현했다.

이때부터 쿠르드인들은 터키, 이란, 이라크, 시리아의 일부로 편입되었고(흡수가 아닌 편입이 이유인 까닭은 쿠르드족이 종교가 아닌 사용 언어와 문화로 정체성을 찾는 민족이기 때문이다) 본격적으로 서러운 역사를 시작한다. 분리 독립을 외치는 목소리는 있었지만 너무 여러 곳에서 터져 나와 중심이 없었으며 국제 사회에서도 쿠르드의 누구를 상대해야 할지 모르는 상황이 연출됐다. 쿠르드족의 유명 정치인을 떠올려 보시라. 대중적으로 알려진 사람은 아무도 없다. 총 쏘고 수류탄 던진다고 독립이 되는 게 아니다. 외교가 따라주지 않으면 독립이고 자유고 절대 불가능한 것이 국제 정치의 잔인한 현실이다. 그나마 아주 조금 알려진 인물이 압둘라 오잘란이다. 네 나라 쿠르드족 중 사정이 나은 것이 이라크 쿠르드족이다. 이들은 자치권을 가지고 있으며 페쉬메르가라는 무장조직도 보유하고 있다. 특히 여군이 유명한데 쿠르드족은 아랍권 일반과 달리 남녀가 평등한 편이다. 최악은 터키다. 터키는 무스타파 케말 아타튀르크가 세브르 조약을 휴지로 만들면서 악연을 쌓았고 이후에도 쿠르드족 자체를 인정하지 않는 정책으로 일관했다. 쿠르드어를 금지했으며 신생아에게 쿠르드식 이름을 지어줄 경우 출생신고도 받지 않았다. 이유는 워낙 인구가 많았기 때문이다. 터키 인구가 8,400만 명 정도인데 이중 20% 가까운 비율이 쿠르드인이다. 터키에서 쿠르드족을 '정치적으로' 인정한 것은 터키 노동당이었다. 쿠르드족에 우호적이었던 터키 노동당은 그러나 그 이유로 해산이라는 운명을 맞았다. 이를 계기로 쿠르드 민족주의와 마르크스-레닌주의가 연결되고 압둘라 오잘란은 1978년 쿠르드 노동자당(PKK)을 결성한다. 쿠르드노동자당은 터키 안에 독립 국가를 세우고 이를 기반으로 시리아, 이라크, 이란의 쿠르드족을 통합하는 것을 목표로 삼았다. 방식은 무력 투쟁이었다. 이들은 농민들을 선동해 지주 살해와 파업을 이어갔다. 1980년 쿠데타로 집권한 터키 군부는 아타튀르크의 세속화를 지지하면서 이슬람주의자와 사회주의자를 무자비하게 탄압했다. 당연히 쿠르드노동자당은 제거해야 할 핵심 타깃이었고 2,000명 가까운 당원들이 체포된다. 오잘란은 시리아로 탈출한다. 당시 시리아는 터키와 사이가 좋지 않았고 시리아 정부는 오잘란 일당에게 레바논의 동부 베카 계곡을 은신처 겸 작전지휘소로 내준다. 당시 레바논은 내전 중이었고 시리아는 혼란을 이용해 그곳에 군대를 주둔시키고 있었기 때문이다. 그곳에서 오잘란 일당은 팔레스타인 해방기구의 조직원들과 만났고 전투기술을 전수 받았다. 1983년 쿠르드노동자당은 터키에 대한 공세를 시작했고 터키 영토 안으로 침투해 게릴라전을 벌인다. 쿠르드노동자당의 공세로 사망한 사람은 1만 명이 넘었다. 언제 어디서 폭탄이 터질지 모르는 나라를 외국인들이 찾을 리가 없다. 터키 재정 수입의 많은 부분을 차지하는 관광 산업까지 막대한 타격을 입었고 내정불안은 일상이 되었다. 터키 정부는 반군 소탕에 연간 70억 달러를 쏟아 부었고 쿠르드족이 거주하는 지역에서 군정을 실시해 통제의 수위를 높였다. 지속적이고 무작정의 탄압이 불가능했던 것은 터키에게 유

럽 연합(EU) 가입이 절실했기 때문이다. 유럽연합은 터키의 인권탄압실
태가 유럽연합의 기준에 턱없이 미달한다는 것을 이유로 가입을 거절했
고 대표적인 사례로 쿠르드족 탄압을 꼽았다.

　터키 정부는 유화정책으로 돌아설 수밖에 없었고 여기에 한몫을 한
것이 당시 터키 대통령인 투르구트 외잘 대통령이었다. 외잘의 어머니는
쿠르드족 혈통이었고 외잘 역시 쿠르드족에 대해 우호적인 시선을 가지
고 있었다. 1991년 터키 정부는 쿠르드어 사용을 합법화한다. 쿠르드인
의 존재를 공식적으로 인정한 것이다. 이에 맞춰 쿠르드노동자당도 노
선을 급진 사회주의 혁명에서 터키와 쿠르드 자치 정부의 연방제로 전환
했다. 소련의 붕괴로 사회주의 고집이 더 이상 어려웠던 것도 한 이유였
다. 1993년 외잘 대통령이 사망하면서 국면은 다시 거칠어진다. 터키의
보수 세력이 다시 정권을 장악했고 쿠르드족에 대한 탄압은 재개된다.
여기에 맞춰 쿠르드노동자당도 다시 예전의 테러 노선으로 돌아섰다.
수백 건의 폭탄 테러가 이어지는 가운데 터키 정부는 시리아에게 오잘
란을 넘겨줄 것을 강하게 요구한다. 터키와 충돌을 원치 않았던 시리아
정부는 오잘란을 국외로 추방하는 것으로 터키를 달랬다. 오잘란의 선
택은 러시아 망명이었다. 그러나 자기 나라 문제도 아닌 일에 엮이고 싶
지 않았던 러시아 정부 역시 오잘란을 추방했고 그의 다음 행선지는 이
탈리아였다. 오잘란은 좌익 정당이 집권한 이탈리아 망명을 낙관했지만
현실은 냉정했다. 오잘란은 또다시 추방당했고 이후 러시아, 그리스를
거쳐 떠돌던 끝에 케냐의 나이로비 공항에서 체포되어 터키로 송환된
다. 오잘란을 체포한 것은 인터폴이었다. 쿠르드노동자당은 공인 테러

단체였고 오잘란은 그 수괴로 1급 지명 수배자였기 때문이다. 오잘란은 사형 선고를 받았지만 유럽인권법원은 터키에 사형집행 보류 압력을 넣었고 여전히 유럽연합 가입이 아쉬운 터키 정부는 요청을 받아들일 수밖에 없었다. 오잘란은 종신형으로 감형됐고 현재 터키의 외딴 섬 독방에 수감 중이다.

쿠르드족의 슬픈 역사는 여전히 진행 중이다. 2015년 해변에서 시체로 발견되어 전 세계인들을 울린 난민 소년 아일란 쿠르디는 비극의 작은 파편일 뿐이다. 지난 100년간 쿠르드족은 강대국을 돕거나 믿다가 배신당했다. 2014년부터 미국은 시리아에서 IS와 싸우며 쿠르드족을 총알받이로 활용했다. 쿠르드족은 빤히 알면서도 혹시라도 미국이 분리독립을 도와줄까 4만여 명이 기꺼이 총알을 받았다. 그러나 목적을 달성한 미국은 매정하게 쿠르드족을 버렸고 터키는 즉각 공세를 벌여 쿠르드족을 학살했다. 앞으로도 쿠르드족이 독립할 가능성은 거의 없어 보인다. 무엇보다 지정학적으로 불가능하다. 러시아 흑해 함대는 지중해 진출이 꿈이고 미국은 그게 너무 싫고 터키는 러시아 함대 진출의 통로인 보스포루스 해협을 차지하고 있으며 러시아를 봉쇄하기 위해 미국은 계속해서 터키 편을 들어야 하고 터키는 쿠르드족을 싫어하기 때문이다. 쿠르드 속담에 이런 게 있다. "그들에게 친구는 오직 산뿐이다." 어쩌면, 영원히, 진짜로 그렇게 될 우울한 전망이 쿠르드인의 현실이다.

25.

중동의 압축판 시리아

지옥은 옮겨 다니며 인간을 못살게 군다. 발칸 반도에서, 아프리카에서 극성을 부리던 악마는 현재 시리아에서 활개를 치는 중이다. 20세기 최악의 참사로 기록될 시리아 내전 이야기다. 아랍 대부분의 나라들처럼 시리아는 자신들이 세운 것이 아니라 누군가에 의해 만들어진 나라다. 정식 국명은 수리야 아라비아 공화국으로 시리아는 라틴어 표기다. 중동이라는 이미지 때문에 사막 국가라고 생각하기 쉬운데 남유럽 분위기가 나는 초원 지대도 제법있고 심지어 눈이 내리는 지역도 있다. 특히 지중해와 맞닿는 지역의 풍광은 아름답기로 유명하다. 불모의 땅, 전혀 아니다. 풍요로운 곡창지대가 있어 다른 아랍국들에 비해 자원은 다소 빈약하지만 사람 사는 데는 아무 지장이 없다.

고대에는 이집트, 아시리아, 신바빌로니아, 페르시아 제국, 셀레우코스, 로마 제국, 동로마 제국, 이슬람 제국, 십자군 왕국, 오스만 제국의 지배를 받았다. 피지배의 역사가 이렇게 길고 점령자의 목록인 긴 것은 이 땅이 교통의 요지인 동시에 경제적으로도 얻을 게 많았기 때문이다. 특

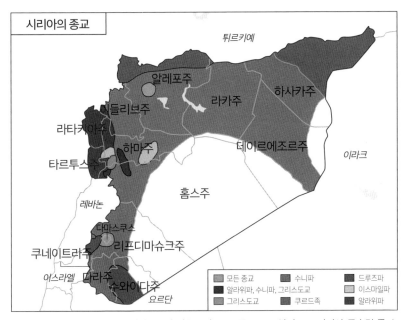

시리아 인구의 87%는 무슬림이다. 그 외 기독교인 10%, 두르즈 교인이 3%. 시리아 무슬림 중 수니파는 65~70%이고 시아파가 13%이다. 아사드 가문은 이슬람의 소수 종파인 알라위파다. 알라위파는 시아파에 뿌리를 두고 있으며 신자 수는 전 세계를 통틀어 500만 명 정도로 추정한다. 알라위파는 이슬람을 기반으로 영지주의, 신플라톤주의, 기독교적 요소가 혼합되어 있어 종교 사전에서는 혼합주의 종파로 분류하기도 한다

히 이집트와 메소포타미아가 교류를 하기 위해서는 죽으나 사나 이 땅을 통과해야 한다. 피점령의 대명사였지만 도로만 필요한 땅이 아니었기에 정치적 자립과 무관하게 도시가 많이 발달했다. 다마스쿠스와 안티오키아는 그 대표적인 도시들이다. 그리고 그 도시들은 고대사에 지겹도록 이름이 나온다. 모술, 알레포는 십자군 때부터 서방에 알려진 도시다. 특히 알레포는 유럽과 아나톨리아(터키 동부) 그리고 중동을 연결하는 무역의 핵심지대다. 알레포가 절정에 달했던 때는 오스만 제국 시절

로 콘스탄티노플, 테살로니키, 이즈미르 다음으로 큰 도시였다.

　1차 세계대전이 끝난 후 오스만 제국으로부터 벗어난 시리아 아랍 왕국은 1920년 독립을 선언한다. 자기들끼리 기분 한 번 내 본 거였고 얼마 안 가 프랑스 밑으로 들어간다. 1936년 시리아는 또다시 독립을 선언한다. 프랑스는 당연히 승인 거부. 앞에서도 말했지만 독립은 총과 칼을 동원해 압도적으로 승리하거나 아니면 외교전술로 얻어내는 것이다. 둘다 없었다. 2차 세계 대전 중에는 비시 프랑스 치하에 들어갔고 독일의 패망으로 자유 프랑스-영국 연합군이 시리아와 레바논을 점령한다. 시리아는 독립을 선언한다. 영국과 프랑스는 또 무시. 그러나 제국주의 시대의 석양으로 식민지 포기가 대세가 되는 바람에 1944년 프랑스로부터 독립을 '허가' 받는다. 1946년 프랑스는 군대를 철수시키는 것으로 형식상의 독립절차를 마무리한다. 1947년부터 1958년까지는 경제 정책 실패로 인한 소요사태, 쿠데타로 날을 지새웠고 국정은 표류한다. 시리아는 중동의 아프리카다. 제멋대로 그어 놓은 국경선 때문에 반목과 충돌이 불가피하다. 물론 인구의 90%는 아랍인이다(나머지 10%는 쿠르드족). 그러나 아랍인이라는 한 단어로 나라의 정체성을 묶는 것이 얼마나 어려운 일인지 아실 것이다. 다수는 수니파지만 시아파, 알라위파, 드루즈파가 일정 지역을 차지하고 있다. 기독교인들은 도시에 몰려있고 쿠르드인들은 북동부에 거주한다. 이슬람 소수파와 기독교 그리고 쿠르드인들에게 시리아인이라는 정체성이 있을 리 없다. 작은 차이를 큰 틀로 묶어 극복하자고 나선 게 1958년의 이집트와의 아랍연합공화국 결성이다. 나세르가 주장했던 아랍의 연대는 말 그대로 연대의 수준이었다. 그러나 시리아의 제안은 아예 통합이었다. 그러나 나쁠 것 없다고 판단한 나세르는 제안을 받아들인다. 대신 욕심에 가까운 제안을 했다. 통합 기관의 통치기관은 이집트의 카이로에 설치하고 시리아군은 이집트군의 지휘를 받을 것이며 모든 정당을 해산하고 국민 연합에 통합하는 일당 체제의 강요였다. 나세르는 통합 왕국의 대통령이 됐고 시리아 각료들은 카이로로 거처를 옮겼다. 반발도 있었다. 겨우 나세르 밑으로 들어가자고 프랑스에서 벗어났나, 불만의 소리가 많았지만 얻을 것이 많다고 생각했다. 착각이었다. 카이로로 옮겨 온 시리아 관료들은 대접을 제대로 받지 못했고 반면 다마스쿠스로 건너간 이집트 관료들은 시리아 관료들을 밀어내고 요직을 차지했다. 시리아인들은 아랍연합공화국군의 2등 국민이었고 결과적으로 이집트의 식민지였다. 1961년 시리아군 장교들이 쿠데타를 일으켜 시리아 독립을 선언한다. 이집트는 진압에 나서야 맞지만 나세르는 쿠데타 세력 진압을 놓고 머리를 굴리다 현실적인 이익보다 포용이라는 명분을 선택한다. 그렇게 이집트-시리아 전쟁은 아슬아슬하게 위기를 넘긴다.

1970년 쿠데타로 집권은 하페즈 아사드 대통령은 강력한 독재정치로 국내 정치를 안정시켰고 아랍권에서의 위상도 높아진다. 일시적이기는 하지만 경제사정도 나아졌다. 아사드 정부가 핵심적으로 타격했던 정치세력은 급진 사회주의 세력과 이슬람 근본주의 세력이었다. 1982년 무슬림 형제단이 반란을 일으키자 아사드 대통령은 망설이지 않고 1만여 명을 학살했다. 철권통치만으로는 정권을 유지하기 힘들다. 그 자신도 알라위파였던 아사드 대통령은 역시 소수였던 드루즈파와 기독교인들에게도 권력을 나눠주었고 70%에 달하는 수니파가 반발하지 않도록 세심하게 관리했다. 수니파 부족 지도자들을 끌어안아 떡고물을 나눠주는 방식이었다. 시리아 경제 성장의 원동력은 시리아 북부의 유전이었다. 이 개발로 산업을 일으켰고 일자리를 창출했다. 그때까지만 해도 시리아의 전망은 나쁘지 않아 보였다. 아사드가 사망하고 2000년 7월 그의 둘째 아들이 바샤르 아사드가 국민투표를 통해 대통령에 선출된다. 바샤르 아사드가 집권했을 때 국제정세는 불안정의 절정이었다. 2001년 9월 11일 알카에다가 미국에 테러를 가한다. 월드트레이드 센터가 무너져 내렸고 펜타곤 옆구리에 구멍이 났다. 부시 행정부는 알 카에다 지원 혐의로 아프가니스탄의 탈레반 정권과 이라크 사담 후세인을 지목했다. 지목하고 지목 당한 당사자들끼리 싸우면 어디가 덧나나. 미국은 시리아에게도 동참을 권유했고 시리아는 거절한다. 보복으로 미국은 시리아에 경제 제제를 안겨주었고 시리아 경제는 흔들린다. 아래쪽에 있는 이스라엘과의 관계도 문제였다. 이미 네 차례의 중동전쟁을 통해 원한은 다져둔 지 오래다. 시리아는 레바논의 급진 이슬람주의 세력인 헤즈볼라를 통해 이스라엘을 견제하려 했다. 이렇게 시리아는 공식적으로 미국의 적이 됐다. 사방이 적이 되면 또다른 동맹을 찾아가는 게 순서다. 시리아는 이란에게 손을 내밀었고 이란은 기꺼이 시리아의 손을 잡았다. 이란은 이라크와 함께 미국에게 악의 양대 축이다. 시리아의 운명이 최악으로 가는 순간이었다. 2003년 미국은 이라크를 침공해 사담 후세인을 끝장냈다. 이라크에 시아파 정권이 들어섰고 밀려난 수니파는 이슬람 급진주의 세력과 손을 잡고 내전에 돌입한다. 바샤르 아사드 대통령도 바보는 아니었다. 미국과의 즉각적인 관계 회복은 요원했지만 대신 러시아, 터키, 카타르와 좋은 관계를 만들었다. 그의 노력은 성공했고 경제는 돌기 시작했으며 관광 사업은 활기를 띠었다. 2011년 아랍의 봄이 시작된다. 북아프리카의 튀니지에서 시작되어 아랍과 중동국가로 불씨가 날아간 반정부 시위의 물결은 시리아에서도 타오르기 시작했다. 내전이 시작된 것이다.

아랍의 봄으로 튀니지의 벤 알리 대통령이 자리에서 내려왔고 이집트의 무바라크와 리비아의 카다피 정권이 무너졌다. 중동으로 넘어온 열기는 요르단을 공격했고 걸프 지역 왕정의 여러 나라들이 도전을 받았다. 시리아는 가장 큰 충돌을 가져온 곳이다. 시위대는 늘어나기 시작했고 진압은 강경해졌으며 이는 더 큰 규모의 시위를 불러왔다. 경찰이 시위대에게 발포를 하는 것은 정권 몰락의 징후다. 그러나 시리아가 바로 무너지지 않은 것은 건재한 중산층과 군부의 충성이 있었기 때문이다. 균열은 종교에서 왔다. 인구의 절반 이상을 차지하는 수니파가 반정부 노선을 선명하게 드러내자 시리아 사태는 심각해진다. 시리아의 반정부 세력을 반긴 것은 당연히 앙숙인 터키다. 시리아의 반정부 세력은 모여 있을 곳이 필요했고 터키는 기꺼이 장소를 제공한다. 시리아 반정부 세력은 주로 터키에서 모임을 가졌고 심지어 이스탄불에서는 시리아 국민회의가 발족됐다. 이건 누가 봐도 내정간섭이나 다름없는 노골적인 방조였다. 2013년에는 반정부 세력이 시리아 임시정부를 공식 선언했다. 역시 터키에서였고 내전으로 들어간다는 신호다. 자유 시리아군이라는 무장단체도 출범했다. 시리아 공군 대령 출신이 탈영하여 반군 측에 합류했고 터키의 후원을 받아 2011년 7월 창설됐다. 자유 시리아군은 7천여 명 정도의 세력을 조직으로 여러 반군 분파 중의 하나였지만 터키의 집중적인 지원을 받으면서 시리아 반정부군의 대표처럼 인식된다. 이는 재정적으로나 군사적으로나 행복한 일인데 반군 분파들을 일일이 상대하기보다 통합된 소통 창구를 원했던 서방 세력에게 창구 역할을 하기 때문이다. 지명도가 올라가고 자금과 무기가 몰리자 반정부 민병대들이 자유 시리아군에 가입하기 시작한다. 얼마 안 가 자유 시리아군은 10~15만 명의 총병력 군세를 보유하게 되었고 서방국가들에게는 아사드와 대등한 군사력을 갖춘 시리아 민주화의 상징으로 여겨졌다. 그러나 자유 시리아군은 중앙통제가 이루어지는 조직이 아니라 목표와 성향과 출신이 각각 다 다른 민병대가 모인 느슨한 조직체였다. 그 외 지역의 부족 중심 민병대도 존재했는데 2013년 중반 들어 크고 작은 민병대의 숫자는 4,000개로 늘어난다. 여기에는 범죄자 출신들만 모여 있는 갱 집단도 있었다. 조직도 뿔뿔이, 전략도 제각각인 이들의 바람은 딱 하나였다. 미국의 개입이다. 자유를 부르짖는 자신들에게 자유의 나라 미국이 도움을 줄 거라고 생각했다. 그 와중에 자유 시리아군은 제법 성과를 올린다. 시리아 동부 대부분의 지역을 점령한 것이다. 농촌이 대부분이라 별다른 저항은 없었다. 시리아 정부군이 결사적으로 사수한 곳은 인구가 밀집되고 그중에서도 천연가스 매장지가 있는 서부 쪽이었다. 동서내전으로 지루하게 흘러가던 시리아 내전에 예기치 않았던 그러나 충분히 예상 가능했던 폭탄 2개가 굴러 들어온다. 북동부에 거주하던 쿠르드족과 IS다.

26.
알카에다와 IS

    쿠르드족이야 분리 독립이 민족의 소원이니 시리아 내정 혼란을 기회로 삼은 것은 당연한 일이겠다. 문제는 IS다. 이라크와 시리아 내륙 지방 그리고 아프가니스탄과 예멘의 일부를 점령하고 있는 수니파 이슬람 무장 테러 반란군 단체인데 보통 줄여서 IS(Islamic State) 혹은 ISIL(Islamic State of Iraq and the Levant)이라고도 하며 실질적인 중심지가 자칭 수도인 시리아의 라카 지역에 있어 ISIS(Islamic State of Iraq and Syria)라고 불리기도 한다(개명의 순서는 있다. 나중에 후술). 본질은 같고 목표나 활동지역을 좀 더 구체적으로 표현한 것으로 보면 되겠다. 프랑스어로는 '다에시'라고 하는데 프랑스의 파비우스 외무장관이 이들을 국가로 부르지 말아야 한다며 이 단체의 이전 이름인 '이라크 레반트 이슬람국가'의 아랍어 머리글자를 따 다에시Daesh로 부르자고 제안했기 때문이다. 뿌리는 '알카에다'이다. 오사마 빈 라덴을 우두머리로 했던 이슬람 수니파의 국제 테러리즘 네트워크로 사우디아라비아에서 발흥했던 와하비즘의 극단적 형태라고 봐도 좋겠다(우리말로 '원리', '기본'이라고 해석하면 별로 틀리지 않는다). 소련과 아프가니스탄의 전쟁 당시 미국은 파키스탄 비밀 정보부를 통해 아프가니스탄 내 무자헤딘(이슬람 전사)에게 무기와 자금을 지원했다. 아프가니스탄이 뚫리면 인도양으로 가는 길이 열리고 최종적으로는 걸프 만이 위협을 당한다. 미국 입장에서는 직접 참전을 해서라도 방어를 해야 하는 판이었는데 그랬다가는 3차 세계 대전이 일어나지 말란법이 없다. 그래서 구상한 게 싸이클론 작전이라고 불리는 대리전이다. 아랍 국가들도 아프가니스탄 지원에 나섰는데 이때 가장 통 크게 밀어준 게 사우디아라비아로 매년 600만 달러를 입금했다. 여러 곳에서 모인 자금은 연간 6억 달러에 육박했다. 돈만 쏴준 게 아니다. 실업자가 넘쳐 나는 아랍에서 전사들을 모집하기는 쉬웠다. 사우디아라비아는 전사모집을 담당했고 파키스탄은 이렇게 모인 전사들을 아프가니스탄에 투입하는 창구 역할을 했다. 무슬림 형제단 단원이었던 압둘라 아잠과 그의 애제자였던 오사마 빈 라덴은 마크Maktab al-Khidamat라는 조직을 만들어 해외에서 들어온 무자헤딘 대원들을 훈련시켰다. 스승과 제자의 생각은 조금 달랐다. 압둘라 아잠은 마크가 본격 이슬람 무장 단체로 재편되는 것을 바랐다. 그러나 사업가 집안 출신인 오사마 빈 라덴은 무장 단체들의 자금줄을 배후에서 담당하는 네트워크의 유지를 원했다. 지하드에서도 의견은 갈렸다. 오사마 빈 라덴은 지하드의 사우디아라비아와 이집트 수출을 주장했다. 압둘라 아잠은 무슬림끼리 총을 맞대는 일은 내켜하지 않았다. 결국 스승과 제자는 갈라서고 오사마 빈 라덴은 자신의 조직인 알카에다를 차려 독립한다. 1989년 압둘라 아잠이 암살되면서 마크는 알카에다에 흡수된다. 압둘라 아잠의 암살 혐의에 오사마 빈 라덴의 이름도 올라오긴 했지만 성격상 그렇게 구질구질한 스타일은 아니었다고 한다.

1979년 12월 소련군 8만여 명이 아프가니스탄의 친소정권을 보호하기 위해 출동했던 이 전쟁은 1989년 2월 소련군이 철수하면서 끝이 난다. 그 10년 동안 소련군은 아프가니스탄에 10만 병력을 묶어둘 수밖에 없었고 주변 나라들은 소련판 베트남 전쟁이라 부르며 소련을 조롱했다. 사망자 1만 5천, 부상자 4만여 명이라는 구체적인 손실 말고도 소련은 '정의의 제국'이라는 그때까지 소련이 쌓아 올렸던 이름에 먹칠을 한다. 전쟁이 끝나자 아프가니스탄에 투입되었던 해외 무자헤딘들은 할 일이 없어진다. 본국으로 돌아갈 처지도 못 되는 게 이집트, 알제리, 모로코 등 이들의 고향에서는 무자헤딘의 귀향을 반기지 않았다. 죄다 독재정권이었고 이들이 만약 반군에 가담이라도 하면 반군의 전투력이 급격히 상승할 것이기 때문이었다. 암살, 폭동 등 이들이 실력을 발휘할 분야는 넘치고 넘쳤다. 끓어 넘치기 직전 이들에게 출구를 열어준 게 사우디아라비아와 미국이었다. 물론 전혀 원치 않았던 것이기는 하지만. 아랍은 세속적 아랍 민족주의와 이슬람 원리주의가 대립하는 것이 보통이다. 이슬람 원리주의는 현실에서 별로 인기가 없었고 이집트, 이라크, 시리아에서 모두 세속적 민족주의가 우세를 보이는 것이 당시 상황이었다. 그러나 아무리 세속적 민족주의가 대세라 해도 그 나라 안에 미군이 직접 주둔하는 것은 또 다른 문제다. 아랍의 자존심이라는 최후의 보루를 무너뜨리는 심각한 차원의 문제인 것이다. 미국과 친밀했던 사우디아라비아지만 미군 주둔만큼은 거절한 것이 그 이유다. 이슬람의 두 성지인 메카와 메디나에 기독교 국가 군대가 들어온다는 것은 종교적으로도, 국민 정서적으로도 있을 수 없는 일이었다. 630년에 메카를 점령한 무함마드의 첫 일성은 이랬다. "오늘 이후로는 오직 이슬람교도만이 이 도시에 들어올 수 있다. 만약 우리의 신앙을 믿지 않는 사람이 이 도시에 들어오면 대가를 죽음으로 치르게 될 것이다." 비무슬림은 들어오면 안 되는 곳이라는 얘기다. 그러나 이라크의 쿠웨이트 침공으로 위협을 느낀 사우디아라비아는 일시적으로 미군 주둔을 허용하게 된다.

쿠웨이트 전쟁과 이어진 걸프전이 끝나고도 미군이 계속 주둔하자 아랍권 일대에 빨간불이 켜진다. 오사마 빈 라덴은 자신의 조국에서 펼쳐지는 수치스러운 일에 격분했고 방향을 잃고 헤매던 무자헤딘의 종교적 열정과 군사적 충동은 미국으로 향하게 된다. 반미성전反美聖戰은 알카에다를 결집하려던 오사마 빈 라덴에게도 딱 맞아떨어지는 명분이었다. 90년대 들어 알카에다는 미국을 겨냥한 테러를 개시했고 97년에는 케냐와 탄자니아 미국 대사관에 폭탄을 설치했다. 224명이 사망한 이 테러로 미국 정부는 오사마 빈 라덴에게 500만 달러의 현상금을 내걸었다. 2000년에는 예멘 앞바다에 정박 중이던 구축함 콜 호를 폭파한다. 침몰까지는 아니었지만 오른쪽 선체에 구멍을 냈고 17명의 미군이 사망한다. 정상적인 나라의 정규군도 미국 구축함을 공격할 엄두는 안 낸다. 알카에다의 광기가 어느 정도인지를 보여준 사건이었다. 한쪽만 일방적으로 분개해서는 제대로 된 분쟁이 안 일어난다. 양쪽이 피를 보고 반드시 감정이 개입 되어야 사고가 터진다. 빌 클린턴 정부는 알카에다의 거점인 아프가니스탄 훈련기지에 미사일을 퍼붓는 것으로 제대로 보복을 가한다. 이제는 복수전이 꼬리를 물 차례다. 그리고 그 절정이 9.11테러였다.

조지 워커 부시(아버지인 41대 대통령 조지 부시와 구별해서 아들 부시라고 부른다) 당시 미 대통령은 테러와의 전쟁을 선포하고 알카에다의 본거지로 알려진 아프가니스탄을 공격했고 내친 김에 알카에다와 후세인의 연관설, 이라크 내 비밀무기 소재를 이유로 이라크까지 침공했다. 이라크전은 알카에다의 투쟁 열기에 기름을 부었다. 다수의 무자헤딘이 이라크에 잠입해서 게릴라전을 펼쳤고 미국은 사소하고 잘잘하지만 지속적인 피해를 입게 된다. 2011년 5월 2일, 파키스탄에서 오사마 빈 라덴이 넵튠 스피어 작전으로 사살된다. 후계자로 안와르 사다트의 암살을 기안했던 것으로 알려진 아이만 알 자와히리와 설교 전문가로 알려진 안와르 알 올라키가 물망에 오른다. 승자는 아이만 알 자와히리였다. 외과의사 출신으로 이슬람 신학에 조예가 깊고 영어와 프랑스어에 능통했던 그는 실전경험이나 지도력이 오사마 빈라덴에 비해 부족하다는 평가가 있었지만 조직을 잘 끌어나갔다. 아이만 알 자와히리는 2022년 7월 카불에서 미국의 대테러 작전으로 사망했다. 그보다 앞서 안와르 알 올라키는 2011년 9월 예멘에서 드론 공격으로 사망했다.

IS는 알카에다의 이라크 지부로 출발했다. 주축은 사담 후세인의 잔당들로 이슬람 근본주의를 표방하는 테러 단체이자 '자칭' 국가다. 이라크 알카에다(AQI)였던 이들은 2010년 '이라크 이슬람국가(ISI)'로 개명한다. 이후 ISI는 시리아에 대원들을 파견해 알카에다의 시리아 지부인 '누스라 전선'을 결성한다. 2013년 ISI의 우두머리였던 아부 바크르 바그다디는 누스라 전선과 ISI를 이라크 시리아 이슬람국가ISIS 혹은 이라크 레반트 이슬람국가(ISIL)로 통합한다고 발표한다. 레반트는 키프로스, 이스라엘, 요르단, 레바논, 팔레스타인, 시리아 및 터키에 이르는 광

대한 지역이다. 해서 이슬람 레반트 국가는 앞으로 자기네들 희망 사항이고 이라크 시리아 이슬람국가ISIS 정도로 불러 주는 게 적당하겠다. 같은 해 5월 ISIS는 시리아 북동부의 도시 락까를 점령한다. 시리아 정부군은 친서방 반군과의 내전으로 바빴고 한편으로는 친서방 반군을 견제하려고 이들의 성장을 묵인했다. 이라크와 시리아 내전이 만든 힘의 공백을 이용해 성장한 ISIS는 2014년 6월 이라크에서 두 번째로 큰 도시인 모술을 점령하며 세계를 놀라게 한다. 같은 해 6월 29일 바그다디는 모술의 모스크에 최초로 모습을 드러내며 이슬람국가(IS)의 창설을 발표한다. 칼리파는 바그다디 자신이었다. 원래 새로운 피가 들어오면 선명성을 드러내기 위해 선배들부터 깨는 법이다. 이들은 알카에다가 낡고 패기가 없다며 무시했으며 2015년에는 아예 알카에다를 무력으로 밟아 버렸다. IS의 수준은 한마디로 막장 테러조직이다. 알카에다의, '중동에서 서구 문명을 추방하고 이슬람 낙원을 건설하자' 같은 수준의 대외적 명분도 없고 이슬람 근본주의자라면서 쿠란의 날조도 서슴지 않았다. 일종의 종교 군벌이다.

IS는 2015년까지 시리아와 이라크의 절반이 넘는 지역을 점령했다. 여러 국가와 이슬람권에 지부를 두고 전 이슬람권으로 세력 확장을 시도했으며 일시적으로 광풍을 일으키는 듯 했으나 2016년부터 국제사회의 반 이슬람 극단주의 공조와 지속적인 미군과 러시아군의 대규모 폭격으로 몰락의 길을 걷기 시작한다. 2017년에는 모술과 자칭 수도인 락까가 함락되는 등 주요 대도시 거점을 전부 잃었고 각국의 지점(?)들도 계속해서 상실했다. 2017년 말에는 이라크 내의 거의 모든 점령지를 상실했으며 2019년 3월에는 마지막 근거지였던 바구즈시를 내주면서 사실상 궤멸했다. 바그다디는 2019년 10월 미군의 공습으로 사망했다. IS는 같은 해 11월 후계자를 공식 발표하는 만용을 부렸지만 2022년 2월 미국은 특수부대가 시리아 북서부에서 새 지도자라고 알려진 아부 이브라힘 알하심 알쿠라이시를 사살했다고 발표했다. 아시아, 아프리카 일부 지역에서는 여전히 잔당들의 작지만 극악한 도발이 소규모로 이어지는 중이다. 그러나 전 세계에 그들의 편은 하나도 없다.

시리아 내전으로 글을 마무리하자. 쿠르드족과 IS의 개입으로 가뜩이나 복잡해진 이 나라에 외세가 밀려들기 시작한다. 미국, 러시아, 이란, 터키, 사우디아라비아, 영국, 프랑스, 이스라엘, 카타르가 그 참가국 명단인데 각자의 노림수가 다 다르다보니 복잡하게 지원하고 복잡하게 반대하면서 설명이 불가능한 수준으로 내전은 전개된다. 일단 자유 시리아군과 자유 시리아군의 일파인 극단주의 반군이 아사드 정부를 공격한다. 여기에 자치권 확보를 목표로 한 쿠르드족과 중동을 신정국가로 만들고 싶어 하는 IS가 가세한다. 이슬람 극단주의 세력은 시리아를 쿠란에 따른 진정한 이슬람 국가로 만드는 것이 목표이기 때문에 이들은 아사드 정부는 물론이고 자유 시리아군, 극단주의 반군, 쿠르드족, IS와도 싸운다. 미국과 터키, 이란은 IS를 공격한다. 한편 이란과 러시아는 아사드 정부에 무기와 지금을 지원한다. 시리아와의 관계가 경제적으로 얽혀 있기 때문이다. 특히 시리아의 항구인 타르투스는 러시아 역사상 최초로 확보한 지중해 해군 기지로 포기할 수 없는 곳이다. 한편 터키는 자유 시리아군을 지원하는데 시리아를 무너뜨리고 싶어서다. 미국은 쿠르드족을 지원한다. 터키는 쿠르드족을 테러집단으로 간주하고 공격한다. 사우디아라비아는 극단주의 반군을 지원하는데 이란의 영향력 확대 우려 때문이다. 너무 복잡해서 화살표를 그리기도 힘들 정도다(실제로 그려 봤으나 이해에 전혀 도움이 되지 않는다). 그리고 굳이 친소 관계를 따져볼 필요도 없는 것이 정치적, 종교적, 국제적 이해관계라는 게 얽히면 상황은 또 달라질 것이다. 또 어떤 일, 어떤 상황이 펼쳐질지 모르기 때문이다. 중요한 건 지원하고 지원받는 여러 세력들의 관계가 아니라 이 전쟁이 시리아 국경 안에서 벌어진다는 사실이다. 수많은 시리아 사람들이 왜, 무엇 때문인지도 모른 채 죽어갔다. 2011년부터 2018년 9월까지 사망한 사람만 35~50만 명이고 부상자는 200여만 명에 달한다. 그리고 생존자들은 난민이 되어 전 세계를 떠돌고 있다. 내전 이전 시리아 인구는 2,100만 명이었고 현재 시리아 난민은 그 절반이 넘는 1,200만 명에 이른다. 난민들을 감당하지 못해 주변 국가들은 국경을 닫았고 방향을 유럽으로 돌린 난민들 탓에 유럽 난민 사태가 심각한 사회적 이슈가 되기도 했다. 그 어떤 말로도 위로가 안 되는, 애도가 불가능한 것이 바로 시리아 내전인 것이다.

시리아 내전은 결과적으로 아사드 정권의 승리로 끝났다. 아사드 정권을 지지하던 러시아와 이란이 끝까지 지원을 포기하지 않았기 때문이다. 러시아는 중동의 봄이 혹시라도 러시아에 상륙하는 것을 결코 보고 싶지 않았다. 특히 IS에 대해 적대적이었는데 이들이 체첸의 분리주의 세력과 러시아 내의 급진 이슬람 세력과 결합할까 두려웠기 때문이다. 터키는 입장이 바뀐 경우다. 처음에는 미국을 따라 시리아 경제 제제에도 동참했지만 IS가 등장하면서 태도가 180도 달라졌다. 미국이 IS를 타격하기 위해 시리아 내 쿠르드 민병대인 인민수비대YPG를 지원했기 때문이다. 터키에서 볼 때 인민수비대는 죽도록 미운 쿠르드 노동자당과 거기서 거기다. 이 건으로 미국과 터키의 관계가 틀어졌고 터키와 러시아는 그 거리만큼 가까워졌다. 2020년 7월에 있었던 총선에서 아사드 대통령이 이끄는 바아스당이 반군 세력을 제외한 총선에서 압승했다. 2023년 5월 사우디 제다에서 열린 아랍연맹 정상회의에는 아사드 대통령도 참석했다. 2011년 내전 직후 아랍연맹에서 퇴출됐다가 12년 만에 복귀한 것이다. 미국과 일부 아랍국가의 반대에도 불구하고 이루어진 시리아의 아랍연맹 복귀는 2023년 3월 사우디와 이란이 관계를 정상화한 후 진행 중인 중동지역 화해 분위기의 상징적 사건 가운데 하나다. 그러나 이 화해가 얼마나 갈지 장담할 수 있는 사람은 아무도 없다. 불씨는 여전하고 화약은 사방인 까닭이다. 중동은 인류의 문명이 시작된 곳이다. 중동은 인간의 종교가 시작된 곳이다. 중동은 서양 문명의 뿌리가 되는 곳이다. 그럼에도 중동은 우리에게 가장 적게, 덜 알려진 곳이다. 역사 교육에서 가장 홀대 받는 챕터가 중동 역사다. 하나의 흐름으로 중동을 읽는 것은 그래서 의미가 있다. 책 제목을 『사막의 역사』로 붙인 이유다. (무엇보다 이름부터) 복잡하기 짝이 없지만 몇 가지 큰 맥만 잡아도 과다한 유럽 편향의 시각에서 조금은 벗어날 수 있다. 사막의 역사는 지금도 총성과 함께 진행 중이다.

뉴스를 보면 아랍과 아프리카 등에서 분쟁이 끝나면 승리한 측 병사들이 환호하며 하늘에 대고 자축의 총질을 하는 장면이 종종 등장한다. 이때 이들의 손에 들린 것이 바로 AK-47로 세상에서 가장 유명한 아이콘 중의 하나이자 워낙 싼 가격 때문에 '빈자의 총', '피압박자의 무기'라는 소리를 듣는 돌격 소총이다. 전쟁이 벌어지면 일상은 악몽으로 변한다. 그리고 그 전쟁에 AK-47이 들어가는 순간 악몽은 진짜로 피를 흘리는 지옥이 된다. 결코 태어나지 말았어야 할 악마의 무기 AK-47은 어떻게 탄생했고 어떻게 자신의 역사를 써왔을까. 총의 탄생 배경은 애국심이었다. 미하일 칼라시니코프라는 소련 전차병이 독일 경기관총 MP에 맞서기 위해 연구, 개발한 이 총은 그러나 정작 독일군에게는 사용되지 못하고 그 이후의 전쟁에 투입되어 악명을 떨치게 된다. AK-47이 양산되기 시작한 것은 1949년부터다. 한국 전쟁과 시기가 겹치지만 이때는 물량이 부족했고 실전 배치된 것은 1956년 제 2차 중동전쟁부터다. 그리고 3, 4차 중동 전쟁과 베트남 전쟁을 거치면서 AK-47의 전성시대가 열린다. 60년대부터 80년대까지 아프리카의 각종 내전과 해방투쟁에서는 단독 독보적인 주연이었다. 이유는 사용법이 너무나 간단하고 고장도 잘 안 나기 때문이다. 한 시간만 배우면 초등학생도 사격부터 분해까지 가능해진다. 세상에 이런 총은 없다.

1940년대 소련의 전통적인 총기 개발 전문가들은 정밀한 설계라는 오랜 타성에 젖어 있었고 틈새에 모기 주둥이도 들어가지 못하도록 정밀하게 총기를 만드는 것은 제작의 기본이었다. 약실에 먼지가 들어가거나 약협 파편이 남아 있으면 다음 탄환이 발사되지 않기 때문이다. 칼라시니코프는 반대로 생각했다. 빈틈없이 짜 맞추는 것보다 오히려 부품 주위에 헐렁하게 여유 공간을 만들면 먼지나 화약이 달라붙어도 작동이 가능하지 않을까. 그의 예측이 맞아떨어졌다. AK-47은 심지어 변형된 탄환도 발사가 가능했다. 이 총을 소련은 냉전 시기 전 세계에 무차별 살포했다. 다이렉트로 AK-47을 제공한 해방투쟁 조직은 100개가 넘는다. 조건 없이 라이선스를 넘겨준 국가도 20여 개국에 달한다. 라이선스를 받은 동유럽 거의 모든 국가와 중국, 북한 등이 자력으로 AK-47을 생산할 수 있게 되자 이제 이들이 이 무기를 수출하고 지원하기 시작했다. 말 그대로 헬 게이트가 열린 것이다. 이렇게 전 세계로 퍼져나간 AK-47의 총량은 2023년 현재 1억 정 정도로 추산된다. 전 세계 군인의 머릿수 총계를 웃도는 수치다. 구조가 단순하다 보니 가격도 싸다. 원래 대량 생산되는 자동소총은 단가가 낮다. 150달러 전후다. AK-47은 그보다 더 낮아서 120달러가 신제품 정가다. 중고로 거래되면서 가격은 내려간다. 80달러 하던 것이 50달러로 다시 30달러로 그리고 구를 대로 구른(놀랍게도 그래도 작동은 된다) 초超중고는 10달러 미만에도 팔린다. 생닭 한 마리 값이라고 해서 치킨 건이라고 불리는 이유다. 단체 이동도 잦다. 어느 한 지역에서 내전이 끝나면 중고 무기 거래 업자들이 일제히 AK-47을 수거해서 다른 내전 지역에 싼값에 뿌린다. 물량이 많아지니까 가격이 또 내려간다. 뭐 이런 식으로 돌고 돌면서 지구 곳곳에서 사람들을 죽인다.

1978년 4월 아프가니스탄 공산당이 쿠데타로 집권에 성공한다. 이들은 사회주의 모델을 강요했고 이에 반발한 부족들의 저항이 거세지자 이슬람 혁명이 일어날 것을 우려한 소련은 1979년 12월 이념상 같은 혈통인 공산당을 제거하기 위해 출동한다. 소련 서기장 고르바초프가 "우리나라의 베트남 전쟁"이라고 말했던 소련 - 아프가니스탄 전쟁이다. 이 전쟁은 1989년 2월 소련군이 재앙에 가까운 패배를 기록하며 아프가니스탄을 떠나면서 끝난다. 그 사이에 어떤 일이 있었을까. 소련의 전략은 주요 도시를 계속 장악하면서 무자헤딘이라고 알려진 도시 게릴라를 섬멸하는 것이었다. 소련은 이 과정이 길어야 3년 정도일 거라고 예측했다. 예상이 빗나가기 시작한 것은 무자헤딘이 도시를 버리고 산악 지대로 숨어들면서부터다. 전쟁은 길고 지루해진다. 폭격기, 탱크, 고정포와 함께 무자헤딘을 공포로 몰아넣은 것이 신형 AK-74이다. AK-74는 예전 모델보다 작은 탄환을 사용했다. 이것은 소련의 무기 개발자들이 베트남 전쟁에 등장한 미군 M16의 소형 총알을 벤치마킹한 것으로 대형 총알이 파괴력이 더 셀 것이라는 통념과는 달리 살상력은 소형총알이 훨씬 앞선다는 사실에 주목한 것이다. AK-74에서 발사되는 신형 총알은 기존 총알과 달랐다. 총알 중간에 빈 공간이 있고 끝부분은 얇은 금속으로 덮여 있어 총알이 인체에 파고드는 순간 총알이 뒤틀리며 산산이 부서진다. 그리고 파편이 사방으로 튀면서 조직과 장기에 치명적인 손상을 입히는 것이다. 무자헤딘은 이 총알을 독 총알(poison bullet)이라 부르며 두려워했다. 맞으면 어지간하면 사망이었기 때문이다.

전반적인 양상은 어쨌거나 소련이 우세해 보였다. 무엇보다 무기의 차원이 달랐다. 전쟁 동안 미국은 파키스탄을 통해 무자헤딘을 지원했다. 80년대 초반 3천만 달러 정도였던 지원은 1984년 들어 2억 달러로 급증한다. 무자헤딘은 자금 지원뿐만 아니라 무기도 요청했다. 특히 AK-47을 강력하게 원했는데 그게 있어야 소련군과 대등한 전투를 벌일 수 있었기 때문이다. 고민 끝에 미국 CIA는 무자헤딘에게 AK-47을 지원하기로 결정한다. 공급처는 중국이었다. 중국은 1960년대 소련과 이데올로기 대결을 벌이면서 감정이 상했고 양국 관계는 심각하게 악화된 상태였다. 40만 정에 가까운 AK-47이 파키스탄을 통해 아프가니스탄으로 흘러 들어간다. 아프가니스탄은 인구 대비 세계 최고의 무기 보유국이 되었다. AK-74만큼 작지는 않았지만 중국 브랜드 '타입81 AK'는 M16의 소형탄알과 사이즈가 같았다. 이렇게 손에 들어온 AK-47로 무자헤딘은 본격적으로 소련군을 괴롭히기 시작한다. 화력이 우세하고 공중지원이 있었지만 그건 정규 부대끼리 붙을 때나 유리한 조건일 뿐 치고 빠지기를 반복하는 무자헤딘을 소탕하는 데는 별 소용이 없다. 무자헤딘의 간헐적 기습공격은 슬슬 소련군의 피를 말리기 시작한다. 본국으로 귀국한 소련 병사들의 우울한 경험담으로 소련 시민들도 점점 지쳐갔다(경과가 베트남전에서의 미국의 경우와 너무나 유사하다). 전쟁 동안 세 명의 서기장이 바뀌었고 1985년 미하일 고르바초프가 집권하면서 소련은 명분 있는 철수를 추진한 끝에 89년 2월 마지막 소련군이 아프가니스탄을 떠난다. 상처뿐인 영광이 아니라 상처뿐인 패배였다. 게다가 자국에서 개발한 무기에게 당한 치욕까지 더해진 이중의 수모다. 10년여 세월이 흐른 후 이번에는 미국이 아프가니스탄에 들어간다. 9.11 테러가 발화점이 된, 2001년 10월 7일부터 2021년 8월 30일까지 미국-아프가니스탄 전쟁이다. 이 전쟁에서 탈레반은 미국이 전해준 AK-47을 들고 맞서 싸웠다. 이런 아이러니가 없다. 2011년 전쟁의 원인이었던 오사마 빈 라덴이 파키스탄에서 사살되면서 미국은 아프가니스탄에서 발을 뺄 기회를 얻는다. 그러나 주변 환경이 그 결정을 방해했고 그 결과가 2021년 현재의 미군 철수와 절망적인 아프가니스탄 사태다.

군사 전문가들이 계산한 바에 의하면 AK-47로 사망한 사람은 이제껏 1천만 명이 넘는다. 사망자 수가 많은 역대 전쟁 1위부터 5위까지 모두 1천80만 명 중 620만 명이 AK-47로 인해 사망했다는 얘기다. 전쟁의 범위를 확대해서 AK-47이 투입된 전쟁 중 10만 명 이상이 사망한 35건의 전쟁에서 사망한 2천5백만 명을 같은 비율로 계산하면 1천4백만 명 이상이 사망했다. 언론 보도에 따르면 아직도 매년 25만 명이 AK-47로 사망한다고 한다. 아프리카에서 AK-47은 총기 이상이다. 물물교환의 기준이고 혼인 지참금으로 쓰이기도 한다. 모잠비크에서는 아예 노골적으로 화폐 대용이다. 많은 지역에서 AK-47을 가지고 있어야 일상생활이 가능하며 내전 중에는 이 총 없이 외출이 불가능하다. 해서 별명이 아프리카의 신용카드다. 당신이 개발한 총 때문에 얼마나 많은 사람이 죽었는지 아느냐는 질문에 칼라시니코프는 자신은 조국을 위해 총을 만들었을 뿐 다른 사람의 행동까지 책임질 수 없다는 답변으로 일관했다. 그러나 죽기 직전에는 러시아 총 대주교에게 편지를 보내 자신이 AK-47로 인한 희생자들에 대한 책임이 있는지를 진지하게 물었다. 신과 마주할 시간이 다가오자 두려웠던 것일까.

살아남은 세계사 - 사막의 역사

초판 1쇄 발행   2024년 8월 26일

지은이   남정욱
펴낸이   안병훈
펴낸곳   도서출판 기파랑
등 록   2004. 12. 27 제300-2004-204호
주 소   서울시 종로구 대학로8가길 56 동숭빌딩 301호   우편번호 03086
전 화   02-763-8996(편집부) 02-3288-0077(영업마케팅부)
팩 스   02-763-8936
이메일   info@guiparang.com
홈페이지   www.guiparang.com

ISBN 978-89-6523-495-1   03900